당신이 잘되길
바랍니다.
천영수

당신이 잘되길 바랍니다

# 당신이 잘 되길 바랍니다

권영수 지음

쌤앤파커스

**프롤로그**

# 나로 인해 누군가 행복해진다면
# 그것이 나의 행복입니다

"내가 아는 사람들이 나로 인해 행복했으면 좋겠다."

젊은 시절부터 가졌던 저의 꿈입니다. 어떤 일을 하든지 항상 이 꿈이 밑바탕이 되었고, 지금까지 이 목표를 위해 열심히 살아왔습니다.

그런데 은퇴 후 인생을 마무리하는 시점에 오니 좀 더 많은 사람에게 도움을 주면 좋겠다는 생각이 들었습니다. 굳이 아는 사람에 한정 짓지 말고, 모르는 분들도 저로 인해 행복했으면 좋겠다는 마음이었어요. 그 방법을 고민하다가 책을 쓰기로 했습니다.

이 책은 평사원으로 입사해서 부회장으로 퇴사할 때까지 회사생활을 하면서 겪은 일들과 그를 통해 얻은 깨달음에 대한 이야기입니다. 45년 동안 다양한 분야에서 일하면서 달콤한 성공을 맛보기도 했고, 쓰디쓴 실패도 경험했습니다. 때로는 억울한 일을 당하기도 했고, 오해와 시기를 사기도 했으며, 백척간두에 서기도 했습니다. 그 어려움들을 하나하나 극복하면서 성장할 수 있었고, 많이 배울 수 있었습니다.

인생을 살다 보면 예기치 않은 어려움들이 닥칠 수 있습니다. 누구에게나 어려움은 피해 가지 않고 찾아옵니다. 저도 마찬가지였습니다. 그럴 때 어떤 식으로 생각하고 행동했는지, 그 과정에서 무엇을 얻었는지 저의 경험과 깨달음이 젊은 여러분들에게 작은 도움이 되기를 희망합니다.

그동안 제 이야기를 하는 것이 제 자랑이 될까 봐 책을 내는 것에 두려움이 있었습니다. 하지만 이 이야기가 책을 읽는 여러분들에게 조금이나마 도움이 되고, 용기와 희망을 드릴 수 있다면 그로 인해 제 삶의 행복도 더 커질 수 있겠다는 마음입니다.

혹시라도 책을 읽으면서 제 자랑으로 느끼셨다면 송구합니다. 의도는 그것과 전혀 다릅니다. 제가 얻은 교훈들을 이야기하려다 보니 했던 일들을 이야기할 수밖에 없었습니다. 너른 마음으로 이해해주시고, 재미있게 읽어주시면 좋겠습니다.

    감사합니다.

천영수

**차례**

**프롤로그**
나로 인해 누군가 행복해진다면 그것이 나의 행복입니다     5

## 1장 • 나의 발전이 회사의 발전이다

| | |
|---|---|
| 뜻밖의 인연을 소중히 맞이하다 | 15 |
| 일에 끌려 다니기보다 일을 끌고 가다 | 21 |
| 하고 싶은 일을 하니 혁신이 되다 | 24 |
| 작은 습관이 큰 성과를 만들어낸다 | 30 |
| 나의 발전이 회사의 발전이다 | 34 |

## 2장 • 어려움은 배움이 필요할 때 찾아온다

| | |
|---|---|
| 준비된 자에게 기회가 온다 | 43 |
| 모르면 더욱 겸손하자 | 47 |
| 팀워크의 위력을 절감하다 | 51 |
| 억울함은 미래를 위한 저축이다 | 57 |
| 올바른 일이라면 할 말은 하자 | 62 |
| 낙동강 오리알이 되다 | 69 |
| 사업 실패자는 죄인이다 | 72 |
| 실패한 사람을 중용하다 | 77 |

## 3장 • 절대 포기는 없다

| | |
|---|---|
| 하늘이 무너져도 솟아날 구멍이 있다 | 85 |
| 사즉생을 경험하다 | 95 |
| 만능 업무혁신에 빠지다 | 98 |
| 올바른 정보는 회사의 근본 경쟁력이다 | 103 |
| 마음의 준비로 위기를 극복하다 | 107 |

## 4장 • 경영은 사람의 마음을 얻는 것이다

| | |
|---|---|
| 사람이 따르지 않으면 나를 돌아보라 | 117 |
| CEO로서 나의 능력을 고민하다 | 128 |
| 극한도전: 할 수 있다는 자신감 키우기 | 133 |
| 하고 싶다는 열망이 세계 1등을 만든다 | 139 |
| 세계 1등을 하다 | 149 |
| 알맞은 인재를 알맞은 자리에 앉히다 | 154 |
| 경영이란 사람의 마음을 얻는 것이다 | 164 |
| 결정은 단호하게, 실행은 강하게 | 175 |
| 리더가 갖추어야 할 네 가지 역량 | 181 |

## 5장 • 간절히 원하면 꿈은 이루어진다

| | |
|---|---|
| 본부장으로 격하, 그만두라는 뜻인가? | 187 |
| 함흥차사 전지 사업본부장 | 189 |
| 위기의 배터리 사업 | 194 |
| 절체절명의 순간 승부수를 띄우다 | 199 |
| 기적을 만들다 | 208 |
| "싹쓸이 한번 합시다" | 212 |
| 도움은 선한 일을 하는 자에게 돌아온다 | 216 |
| 현장경영으로 마음을 얻다 | 219 |
| 겸손을 배우다 | 225 |

## 6장 • 해봤어? 해봐!

| | |
|---|---|
| 공부만이 살길이다 | 235 |
| 해봤어? 해봐! | 238 |
| 암행어사를 명하다 | 244 |
| 건전한 조직문화가 지적 생산성을 높인다 | 249 |
| 어떤 문제든 누군가는 고민해봤을 것이다 | 262 |
| 평소에 좋은 일 많이 하세요 | 268 |
| 콘텐츠 차별화로 승부수를 던지다 | 276 |
| 지주회사로 가다 | 286 |
| AI 성공 조건 | 288 |
| 리콜과 스마트 팩토리 | 294 |
| 아침에 눈뜨면 달려가고 싶은 회사 | 300 |

**에필로그**
당신이 잘되길 바랍니다 308

1장

# 나의 발전이
# 회사의 발전이다

# 뜻밖의 인연을
# 소중히 맞이하다

### 금성사와 인연을 맺다

지금은 역사 속으로 사라졌지만, 제가 대학에 다닐 때는 군사 훈련을 배우는 교련 과목이 있었어요. 그 교련에서 F학점을 받은 것이 LG전자의 전신인 금성사와 인연을 맺게 된 계기입니다.

잠시 어린 시절로 거슬러가볼게요. 저는 강인하고 엄격한 어머니와, 스마트한데 심성이 무척 선한 아버지 밑에서 자랐습니다. 감사하게도 저는 두 분의 장점만 물려받아서 심성은 착하지만 지기 싫어하고, 승부를 걸어야 할 때는 확실하게 거는 기질을 타고났어요.

어머니는 '뭐든 최선을 다해서 일등을 해야 한다'고 생각하는 분이셨어요. 저도 어머니의 기질을 닮아서 최고가 되기 위해 노력했지만 공부면 공부, 운동이면 운동, 모두 이기라는 어머니 말씀이 한편으로는 고되기도 했죠. 그래도 학창 시절에는 좋은 고등학교와 대학교에 가겠다는 목표를 향해 쉼 없이 달렸고, 덕분에 원하는 대학에 들어갈 수 있었습니다.

그런데 대학에 들어가서는 좀 놀고 싶더라고요. 그동안 하고 싶었던 것들 원 없이 다 해보자 싶어서 열심히 놀고, 법을 어기는 일이 아니라면 온갖 것들을 다 해봤죠. 그래서 그랬는지 입사하고 나서 업무 외에는 별로 흥미 있는 게 없더라고요. 덕분에 열심히 일만 할 수 있었죠. 아무튼 그렇게 신나게 놀다가 교련에서 F학점을 받았어요. 처음에는 '재수강하면 되지'라고 쉽게 생각했는데, 그게 아니더라고요. 교련을 정상 이수한 학생들에게 주어지는 군복무 6개월 감면혜택을 못 받는다는 걸 알게 되었죠. 어떡하지 싶었는데, 다행히 한국과학기술원KAIST에서 공부하면 병역특례를 받을 수 있더라고요. 그래서 또 죽어라 공부해서 카이스트 대학원에 합격했습니다.

대학원에 입학할 때 몇 개의 갈림길이 있었어요. 먼저 국비

장학생이 되느냐, 산학장학생이 되느냐 하는 것이었죠. 국비 장학생은 졸업 후 3년 동안 나라에서 정하는 기관에서 일해야 했는데, 직업군인인 아버지가 나라에 충성했으니 '나는 경제에 기여하자' 싶었어요. 그래서 산학장학생의 길로 가야겠다고 마음먹었죠. 당시 산학장학생은 2년 동안 회사에서 학비를 받으며 공부하고, 졸업 뒤 3년 동안 그 회사에서 일하는 조건이었습니다.

그다음에 회사를 선택해야 했는데, 셈이 빠른 친구들은 외국계 회사에 많이 갔어요. 월급을 많이 줬거든요. 저는 한국인이라면 우리나라를 위해 일해야지 외국 회사 돈 벌어주는 일에 앞장서고 싶지는 않더라고요. 종합상사들도 인기가 많았는데, 상사는 부가가치를 창출하기보다 재화를 옮겨놓는 일을 하는 것 같아 제 길은 아닌 듯했어요.

그래서 **무에서 유를 창조해 나라 경제를 일으키는 제조업에 가야겠다고 마음먹었죠.** 그런데 당시 우리나라 제조업에서 갈 만한 곳이 그리 많지는 않았어요. 마침 전자회사가 막 성장할 때라 관심을 두고 있었는데, 금성사 임원이던 과외 학생의 아버지가 저를 추천하시더라고요. 당시는 금성사가 삼성전자보다 잘하기도 했고, 아는 분의 추천도 있어서 금성사와 인연을 맺게 되었습니다.

    가끔 LG에서의 제 근속 기간이 45년 또는 43년으로 다르게 나오는데, 카이스트에서 공부한 기간 때문에 그렇습니다. 서류상으로는 금성사에 1979년에 입사했으니까 45년이 맞는데, 2년은 카이스트 대학원에 파견 나가 공부한 것이니까 그 기간을 빼면 43년이 되는 거죠.

## 신입사원, 회장님과 만나다

대학원을 졸업하고 1981년 금성사에 첫 출근을 했습니다. 돌아가신 구본무 회장님께서 당시 본부장이던 시절이죠. 제가 속한 기획팀이 본부장님 사무실 바로 옆에 있었고, 제 자리가 본부장님 비서 옆자리였어요. 아마 신입사원이라 그 자리를 주었을 거예요. 본부장님이 사무실에 드나드실 때마다 얼굴도장을 찍어야 하는 자리였으니까요.

    처음에는 회장님에 대한 선입견이 있었어요. 대기업 오너의 아들에다 차기 회장이 될 테니 거만하고 권위적인 분일 거라 생각했죠. 그런데 누구보다 소탈하시고 사람들을 편하게 해주려고 노력하시는 분이었어요. 재미있는 농담도 잘하셔서 회장님을 만나면 다들 즐거워했죠. 그런데 그게 타고난 게 아니라 당신이 무지하게 노력하신 결과였습니다. 함께 있는 사람들을 편하게 해주려고 늘 고민하고 행동으로 옮기셨는데, 어느 날은 마술을 배워서 우리에게 보여주시기도 했을 정도였어요. 약속 시간에 늦는 법도 없어서, 언제나 30분 먼저 가서 기다리시는 것이 평생의 습관이던 분이었습니다.

남들이 부러워하는 걸 다 가진 분이 다른 사람을 즐겁게 해주려고 노력하시고, 늘 겸손하신 모습을 보면서 회장님이 좋아졌고, 닮고 싶었어요. 그런데 제가 **남들을 즐겁게 해주는 재주는 없어서 다른 사람에게 도움을 주는 사람이 되어야겠다고 마음먹었죠.**

그때는 일하는 것도 재미있어서 회사에 있으면 하고 싶은 일이 눈에 자꾸 보였어요. 한번은 컴포넌트 오디오의 사업 수익성이 너무 떨어지는 걸 보고 적자가 나는 이유를 분석하는 리포트를 쓴 적이 있어요. 입사한 지 얼마 안 된 직원이 열심히 하고, 결과도 괜찮으니까 구본무 당시 본부장님이 똘똘한 친구라며 기특해하셨어요. 그러니까 저는 신이 나서 더 열심히 일했던 기억이 납니다.

## 수요 예측에 성공하다

그 당시 제가 맡은 업무 중에 하나가 '컬러TV 수요 예측 조사'였어요. 금성사가 1977년부터 컬러TV를 생산하기 시작했는데, 우리나라에서 컬러TV 방송을 시작한 건 1981년이 되어서였습니다. 정부가 소비 조장, 국민 계층 간 위화감 조성, 전력난 등 여러 가지 이유를 들어 컬러TV 방송을 금지하다가 막 풀린 상황이라 공급이 달릴 정도로 컬러TV 수요가 급증할 것으로 예상되었어요. 그동안 억제되었던 잠재 수요와 컬러TV를 살 수 있는 경제적 여유가 있는 세대 수를 예측하는 게 관건이었죠. 요즘과 달리 데이터 수집 과정이 무척 어려웠을 때였지만, 꽤 근사치로 수요 예측에 성공했습니다.

이를 지켜보신 회장님께서 그 뒤에 가스레인지 수요 예측 업무를 개인적으로 맡기시기도 했어요. 회장님이 꼭 도움을 주고 싶은 지인이라고 부탁한 일이어서 열심히 했고, 좋은 결과를 이끌어냈죠. 돌이켜보면, 뜻밖의 인연으로 회장님과 가깝게 지낼 수 있었던 건 제게 큰 행운이었어요. 물론 회장님을 만나지 않았더라도 열심히 살았겠지만, 회장님께서 가까이에서 저를 유심히 지켜봐주셨던 인연이 없었으면 지금의 제가 될 수 있었을까 싶습니다.

# 일에 끌려 다니기보다
# 일을 끌고 가다

**신입사원이 9개월 프로젝트를 이끌다**

신입사원 시절, 선배들이 시키는 일은 무조건 열심히 했습니다. 일단 제가 잘 모르니까 지시사항을 그대로 잘 따랐어요. 그런데 1년 반쯤 지나니까 조금 더 의미 있는 일을 하고 싶더라고요. 뭘 해볼까 고민하다가 하고 싶은 일을 찾아서 부장님께 말씀드렸어요.

"부장님, 제가 꼭 해보고 싶은 일이 있는데, 여러 가지 변수들이 회사의 손익이나 현금흐름에 미치는 영향을 분석하는 '민감도 분석 시스템'을 만들어보고 싶습니다."

그때까지는 환율이나 금리 같은 외부환경 요인, 임금인상 같은 내부 요인들이 바뀔 때마다 개별적으로 분석하다 보니 시간도 오래 걸리고 정확도도 떨어졌어요. 그러지 말고 변수들을 한꺼번에 동시다발적으로 분석하면 더 빨리 정확하게 분석할 수 있을 것 같더라고요.

부장님이 '그런 것도 되냐'며 놀라시더니, 뭐가 필요한지 물으셨죠. 그래서 시스템을 전산화할 수 있는 사람들을 붙여달라고 말씀드렸어요. 그렇게 9개월 장기 프로젝트가 시작되었습니다. IT 부서에서 대여섯 명이 와서 함께 했는데, 당시 IT 리더가 문재인 정부 시절 장관과 비서실장을 지낸 유영민 선배였어요. 지금도 유 장관을 만나면 "그때 참 재미있었다"고 이야기해요. 이분이 능력이 출중했는데, 특히 남의 이야기를 잘 듣고 그걸 논리적으로 정리하는 데 뛰어나셨어요. 더욱이 후배가 이끄는 프로젝트에 함께하면서도 조금의 권위의식도 내세우지 않고, 저를 비롯한 팀원들의 이야기를 잘 들어주셨죠. 덕분에 제 아이디어를 시스템으로 구현하는 데 성공할 수 있었습니다.

## 발탁, 예산과장이 되다

병역특례 의무기간이 끝나갈 무렵, 회사에 남을지 나가서 다른 길을 갈지 결정해야 할 때가 왔어요. 고민할수록 계속 근무하고 싶은 마음이 커졌습니다. 구본무 회장님을 비롯해 함께 일하는 사람들도 좋았고, 일도 재미있었으니까요.

그런데 이왕 할 거면 조금 더 중요한 자리에서 일하고 싶더군요. 회사에서도 제가 남겠다고 하니 무척 반기는 상황이라 처음으로 협상을 시도했습니다.

"예산과에서 일하고 싶습니다!"

당시 회사의 모든 부서에서 쓰는 돈을 결정하는 예산과가 제 눈에 멋져 보였어요. 지금에 와서 그때 왜 그 자리에 가고 싶었을까 자문해보면 '잘나가는 곳'에 가서 능력을 과시하고 싶은 마음도 있었겠지만, **힘이 있는 곳에 가서 그 힘으로 의미 있는 일을 하고 싶었던 것 같습니다.** 그런데 제 말을 들은 부장님이 '예산과는 여기저기 두루 거친 고참 과장들이 가는 곳'이라며 난감해하시더군요. 그래도 '꼭 해보고 싶다'고 간곡히 말씀드렸죠. 그렇게 1984년 1월 1일자로 예산과장으로 발령이 났습니다.

# 하고 싶은 일을 하니
# 혁신이 되다

### 똑같은 일을 왜 두 번 하지?: 전표 시스템 혁신

이제 막 과장이 된 신참이 예산과장으로 가니 많은 사람이 의아해했어요. 저도 욕심내서 간 터라 정신 바짝 차려야겠다고 생각했죠. 어깨에 힘주지 않고, 누구든 깍듯하게 겸손한 자세로 대하려고 했어요. 일도 열심히 했고 말이죠.

그렇게 몇 달 있다 보니 문제가 보였습니다. 부서마다 월말에 결산이 나와야 다시 예산을 책정해줄 수 있는데 항상 늦는 겁니다. 1월 결산이 2월 중순 넘어서 나오는 식이었죠.

당시는 부서에서 지출내역을 하나하나 손으로 써서 전표를 만들던 때예요. 그렇게 수기 작성한 전표를 경리부서에 가져다 주면, 경리부서에서 다시 전산으로 입력했죠. 경리직원들이 밤새 작업해도 전표 양이 워낙 많으니까 시간도 오래 걸리고 실수도 많을 수밖에 없었어요.

일이 진행되는 과정을 살펴보니 너무나 비효율적인 겁니다. 똑같은 일을 두 번 반복하는 거잖아요. 인력 낭비, 시간 낭비였죠. 그래서 각 부서에서 전표를 처음 쓸 때부터 전산으로 작업하도록 시스템을 만들었어요.

또 전산전표 시스템에 예산 한도를 넣어서 자동 처리되도록 했죠. 아침에 제가 출근할 때마다 각 부서 직원들이 예산을 늘려달라는 서류를 들고 서 있었거든요. 그때마다 검토하고 도장을 찍어줘야 했죠. 그런데 예산에는 한도가 있어서 어차피 한도초과 금액은 금융부서에서 지급을 안 해주거든요. 그러니 시스템에 한도 책정만 해두면 되겠더라고요. 예를 들어 접대비 한도가 30만 원이라고 하면, 시스템에 예산을 30만 원 넣어두견 각 부서에서 3만 원이든 5만 원이든 경비처리를 할 때마다 전표가 발행되다가 30만 원을 초과하는 순간 전표 발행이 안 되도록 한 거죠.

## 일의 가치 향상

우리가 하는 일을 들여다보면 세 가지로 나누어볼 수 있어요. 첫째는 반드시 해야 하는 '주된 일', 둘째는 주된 일을 하기 위해 필요한 '보조적인 일', 셋째는 필요 없는 일, 즉 하면 '손실인 일'이죠. 제한된 시간에 보다 효율적으로 일하기 위해서는 일의 밸류업 Value up, 즉 가치 향상이 필요합니다. 우리가 하고 있는 일을 제로베이스에서 낱낱이 살펴보고 치밀하게 분석한 뒤 손실인 일은 없애고, 보조적인 일은 최소화하며, 주된 일에 집중해야 해요. **똑같은 일을 중복하지 않도록 만드는 것도 혁신이죠.**

전표 시스템을 혁신하니 예산, 경리, 금융부서가 다 편해졌어요. 쓸데없는 일을 줄이니 시간이 3분의 1로 단축되더라고요. 3주 걸릴 일이 일주일이면 끝났죠. 윗분들이 깜짝 놀라셨습니다. 아마도 수기전표에서 전산전표로 바꾸는 시스템 도입은 대한민국에서 우리가 처음이 아니었을까 싶습니다.


## 더 이상 외박은 없다: 사업계획 시스템 혁신

예산과장으로 있으면서 사업계획 시스템도 혁신했어요. 사업계획이란 내년도에 필요한 재료비, 인건비 등의 비용을 책정하고, 매출 목표를 미리 정하는 것이죠. 사업계획을 수립할 때면 문서가 잔뜩 든 보따리를 들고 주판 잘 놓는 직원을 데리고 여관으로 갔어요. 교통편이 좋지 않을 때라 밤이 늦어지면 일이 끝나도 집에 갈 수 없었거든요. 일하느라 외박을 많이 하던 시절이었죠.

사업계획 역시 수기로 작업하다 보니 하나라도 바뀌면 처음부터 다시 작업해야 했어요. 매출을 100이라고 잡아두었는데, 현업에서 매출을 110으로 올리겠다고 수정하면 새로 작업해야 하는 거죠. 미칠 노릇이었어요. 곧장 사업계획 전산화도 실행에 옮겼습니다.

그러자 사업계획 수립 속도가 엄청나게 빨라졌어요. 재료구매 부서에서 재료단가를 내린다고 하면 예전에는 수작업으로 일일이 다 고쳐야 했지만, 시스템화 이후에는 수치만 바꿔 넣으면 되니까 밤새울 필요도, 여관 갈 필요도 없었죠.

제가 예산과에서 했던 두 가지 혁신은 말하자면 A2D<sup>Analog to Digital</sup> 활동, 즉 아날로그 업무를 디지털화한 작업이었습니다. 인간의 주관적인 판단이나 과거 경험에 의존해 업무를 처리하지 않도록 **시스템화하면 불필요한 업무를 제로로 만들고,**

**인적 오류**<sup>human error</sup>**를 방지해 직원들이 창의적이고 가치 있는 일에 집중할 수 있습니다.**

이 일들을 성공적으로 해내면서 예산과장으로서 인정받을 수 있게 되었어요. 그리고 혁신이 얼마나 중요한지 직접 느끼는 기회가 되었습니다.


### 멀리 보고 크게 보는 눈을 키우다

예산과에 있으면서 좋았던 점은 각 부서가 무슨 일을 하는지 정확히 알게 된 겁니다. '이 돈이 필요한 건 이 사업 때문'이라는 걸 자연스럽게 알게 되더군요. 정부의 기획재정부 예산실 출신들이 승승장구하는 이유가 각 부처의 예산을 다루다 보니 곳곳의 일이 돌아가는 사정을 잘 알기 때문이에요. 저도 예산과에 있으면서 우리 회사 각 부서를 자세히 알게 되었죠. 디자인연구소나 생산기술연구소 등 예산과에 없었더라면 몰랐을 부서들이 어떤 일을 하는지 알게 되면서 금성사가 어떻게 돌아가는지 전체를 조망하는 눈을 키울 수 있었어요.

또 모든 부서의 사람을 만나게 되니까 빠른 시간 안에 회사 내 네트워크를 만들 수 있었죠. 각 부서에서 저와 카운터 파트너가 되는 과장들과 같이 어울려 술도 마시면서 가깝게 지냈는데, 지금까지 그 인연을 이어오고 있어요. 당시 금성사 사업장이 구미, 창원, 평택에 있었는데, 지역으로 출장을 가면 술자리에서 그분들이 회사에 도움이 될 유익한 정보를 많이 주셨죠.

"권 과장, 요즘 우리 부서에 이러저러한 이슈들이 있어."

그렇게 사람과 시간이 쌓여 네트워크가 형성되었고, 어느새 저는 남들이 모르는 고급 정보를 많이 가진 정보통이 되었어요. 이때의 자산이 이후 회사생활을 하는 데 큰 밑거름이 되었습니다.

계획한 대로 일이 진행되고 회사에서 인정도 받았으니, 돌이켜보면 참 행복한 시절이었어요. **하고 싶은 일을 하니 혁신이 되었고, 시키는 일만 할 때보다 몇 배는 에너지가 넘쳤죠.** 주변의 에너지를 빼앗는 사람을 '에너지 뱀파이어'라 하고, 에너지를 주는 사람을 '에너자이저'라고들 하죠. 그때는 저도, 저와 함께 일하는 사람들도 다 에너자이저였던 것 같습니다. 에너지가 넘치니 예산과 직원들은 일도 열심히 했지만 놀기도 잘 놀았고, 모든 일을 긍정적으로 해결할 수 있었습니다.

# 작은 습관이
# 큰 성과를 만들어낸다

### 적자생존: 적는 자가 이긴다

신입사원 때부터 여러 선배들을 보면서 느낀 게 있어요. 일을 잘못해서 야단맞는 경우도 있었지만, 상사의 지시를 잊어버려서 혼나는 경우도 꽤 많더군요. 자기 머리만 믿다가 지시를 잊는 경우를 수없이 봤습니다.

그래서 과장 때부터 노트를 하나 들고 다니며, 잊지 않기 위해 적기 시작했어요. 상사의 지시사항은 무엇이든 수첩에 적었고, 그때그때 떠오르는 아이디어들도 적었어요. 저에게 무언가 지시한 상사는 적어도 "깜박했습니다. 죄송합니다"란 소리는 듣지 않았습니다. 잘 적어서 지시사항을 잊지만 않아도 믿을 수 있는 직원이 됩니다. **조직생활에서 성공할 수 있는 지름길 가운데 하나죠. 적는 자가 이긴다, 바로 '적자생존'입니다.**

이 습관은 CEO가 된 다음 은퇴할 때까지도 이어갔어요. 회사생활을 하는 동안 1년에 서너 권씩 노트를 썼으니 150권이 넘게 적었습니다. 부하직원이었을 때는 상사가 시킨 일을 잊지 않기 위해 적었고, CEO가 된 뒤에는 제가 해야 할 일이 생각날 때마다 적었어요. 또 어떤 중요한 아이디어나 문제해결의 좋은 방안이 떠오를 때도 적었고, 직원들에게 지시한 사항도 꼼꼼하게 적어두었죠. 상사들 중에는 지시해놓고 잊어버리는 경우들이 있는데, 그러면 부하직원들이 지시사항을 무시하게 돼요. 우리 직원들은 '권영수는 지시한 걸 절대 잊지 않는다'는 걸 잘 알고 있었어요.

한 가지만 첨언하면, 리더가 되면 절대 함부로 지시하면 안 됩니다. 혹시라도 잘못 지시한 게 있으면 유야무야하지 말고 미안하다고 사과해야 해요. 잘못하는 시간이 쌓이면 직원들에게 신임을 잃고 직원들의 사기를 떨어뜨리게 되니, 지시할 때는 한 번 더 생각해야 해요.

사람들이 저를 보고 기억력이 좋다고 감탄하는 경우가 많은데, 그 비결 역시 적는 데 있습니다. **노트에 적어놓으면 무언가 기억하려고 애쓸 때보다 오히려 더 잘 기억나게 됩니다.** 또 써놓았던 과거 노트를 보면서 앞으로 해야 할 일을 구상하는 데 도움을 받을 때도 많고 말이죠.

## 일요일 저녁에 다음 한 주를 준비하다

메모 습관과 더불어 회사생활을 하면서 꼭 했던 루틴 하나를 더 소개할게요. 언젠가부터 월요일 아침이면 항상 몸이 찌뿌둥했어요. 어느 월요일 출근길에 그 이유를 곰곰이 생각해봤죠. 그랬더니 주말이 지나고 월요일 아침부터 파도처럼 몰려오는 일에 대한 부담감 때문이라는 걸 알겠더군요.

그다음부터는 일요일 저녁식사 뒤 한 시간 정도 시간을 내서 다음 주에 할 일을 정리하기 시작했어요. 머리가 맑아지는 걸 느꼈죠. 같은 일이라도 내가 주도적으로 하는 것과 닥쳐서 하는 것은 완전히 달라요. 마치 등산할 때 앞장서서 맨 앞에 갈 때와 뒤처져서 따라갈 때 마음가짐이 다른 것과 비슷하죠. 앞장서서 갈 때면 뭔가 더 힘이 나고 없던 기운도 샘솟지만,

뒤에 처져 있을 때는 앞사람에게 끌려가는 느낌이라 힘에 부칠 수밖에 없어요. 일도 산행과 마찬가지여서, 다음 한 주를 주도적으로 살기 위해 일요일 저녁마다 꼭 시간을 내어 준비하는 습관을 들였습니다.

# 나의 발전이
# 회사의 발전이다

**영어를 배우겠습니다**

예산과에서 일한 지 3년쯤 되었을 때 고비가 찾아왔어요. 그러고 보면 3이라는 숫자가 희한해요. 사람들이 3일, 3개월, 3년 될 때 그만두고 싶어 하거든요. 저도 그 법칙에서 예외가 아니었는지 지루한 날들이 계속되었어요. 제가 할 일이 잘 보이지 않더라고요. 당시 제 자리가 사무실 뒤쪽 창가에 있었는데, 점심 먹고 들어오면 갑갑한 마음에 창가에 다리를 올려놓고 한숨 자곤 했습니다. 농땡이를 친 거죠.

   하루는 임원분이 저를 보고 한말씀 하셨어요.

"권 과장, 맨날 왜 그렇게 잠을 자?"

솔직하게 말씀드렸죠. 요즘 지루하다고. 지금 생각하면 당시 제 상사들이 참 대단하셨어요. 야단치지도 억누르지도 않고 진지하게 받아주셨거든요.

"혹시라도 하고 싶은 게 있는지 고민해보게."

뭔가 새로운 걸 해보고 싶긴 한데, 그게 뭔지 몰라 한참을 고민했어요. 그러다 문득 영어공부를 하면 어떨까 싶었죠. 글로벌 시대가 온다는데, '글로벌 시대에 꼭 필요한 영어가 나에게 부족하구나' 하는 생각이 불현듯 스치더라고요. 정보를 찾아보니 필리핀에 10주 영어연수 코스가 있었어요. 미국 명문대와 연결된 교육기관이어서 영어를 제대로 배울 수 있겠다 싶었죠.

"영어를 배우고 싶습니다."

과장 자리를 10주나 비우는 게 쉬운 일이 아니었는데, 감사하게도 허락해주셨어요. 그렇게 6·29 민주화 선언으로 나라가 들썩이던 1987년 초여름에 어학연수를 떠났습니다.

살다 보면 불현듯 이건 꼭 해야겠다는 생각이 떠오를 때가 있어요. 영어공부도 그런 거였죠. 왜 그때 하필 영어였는지 지금 생각해도 잘 모르겠습니다. 어쨌거나 그때 그 생각을 행동으로 옮긴 건 정말 잘한 일이었어요. 이 두 달 반의 연수기간이 앞으로 펼쳐질 제 인생과 회사의 미래에 큰 영향을 주었습니다.

## 나의 발전이 회사의 발전이다

학창 시절부터 저는 〈국민교육헌장〉에 나오는 "나의 발전이 나라의 발전"이란 구절을 참 좋아했어요. 회사에 다니면서부터는 자연스레 '나의 발전이 회사의 발전'이라고 생각하게 되었죠. 괜스레 회사를 위해 충성을 다하겠다고, 회사를 사랑한다고 말하기 전에 나의 성장을 위해 무엇이 필요한지 생각하고, 그것을 할 수 있도록 노력하는 게 중요해요. 그러다 보면 내가 속한 회사도 발전하게 됩니다.

LG디스플레이 CEO를 하면서 직원들에게 종종 이런 말을 했어요.

"회사를 위해 일한다고 생각하지 마세요. '나'의 발전이 회사의 발전입니다. 본인들의 발전을 도모하십시오."

'본인들의 발전'이란 결국 공부하라는 이야기예요. 그래서 직원들이 공부할 수 있는 여건을 만들어주기 위해 많이 노력했습니다. 예를 들어 마케팅 부서에 마케팅 교수를 대여섯 분 고문으로 모셔다가 직원들이 마케팅에 대한 교육을 맘껏 받을 수 있도록 했어요. 그런 뒤 분기별로 리포트를 내게 하고, 우수한 평가를 받은 직원들을 시상했죠.

이렇게 직원들 각자가 전문성을 키우기 위해 공부하고, 발전하면 회사도 함께 발전하는 것입니다.

### 경쟁사보다 나아야만 한다

경쟁력이 높은 개인들이 많아지면 회사는 잘될 수밖에 없습니다. 내가 다니는 회사가 잘되려면 경쟁사에서 나와 똑같은 일을 하는 사람보다 내가 더 나으면 됩니다. 회사에 100명이 있는데 100명 중 60명이 경쟁사보다 잘하면 우리 회사가 이길 수 있어요. 그런데 30명만 경쟁사보다 잘하고 70명이 못하면 지는 거죠.

그중에서도 CEO는 더 중요하니까 경쟁사 CEO보다 나아야 해요. 제가 LG디스플레이 CEO를 할 때 당시 경쟁사가 세계 1등이었어요. 경쟁사 사장을 자주 만나서 이것저것 물어보고, 같이 골프도 치면서 어떻게 하면 이길 수 있을지 연구하고 노력했습니다. 그분은 오랫동안 디스플레이 분야에서 활동하셨기에 저보다 기본적으로 아는 게 훨씬 많았어요. 하지만 제가 더 잘할 수 있는 방법이 분명히 있을 것이라고 생각해서 공부를 많이 했죠.

이렇듯 CEO도 임원들도 직원들도 각자 **경쟁사에서 자기와 똑같은 일을 하는 사람이 누군지를 보고, 그 사람보다 더 잘하겠다는 목표를 가지고 뛰면 회사는 자연스레 성장하게 됩니다.**

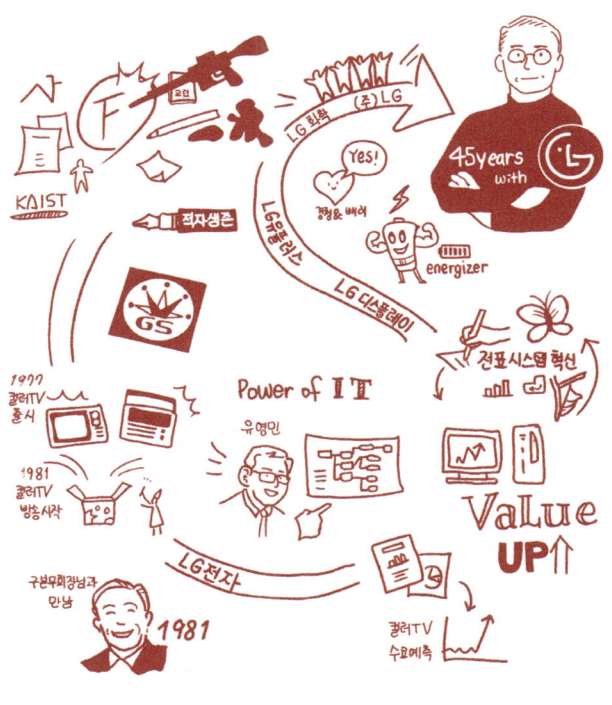

2장

# 어려움은 배움이 필요할 때 찾아온다

# 준비된 자에게
# 기회가 온다

**해외투자실장이 되다**

필리핀 연수에서 돌아오니 회사에 '글로벌' 바람이 불고 있었어요. 당시 금성사 CEO는 훗날 급식·식자재·식품 제조기업 아워홈을 설립하신 구자학 회장님이었는데, 사업적 수완과 선견지명이 뛰어난 분이었습니다. 1960년대부터 수출을 해온 금성사가 글로벌 기업으로 도약하기 위해서는 해외 현지에 공장을 지어야 한다고 판단하고 강력하게 추진하셨죠. 관세장벽에서 벗어나 가격 경쟁력을 갖추기 위한 방법이었으니까요.

그래서 이 일을 추진할 해외투자실을 만들라는 지시가 떨어졌어요. 인사부서에서는 해외투자실을 책임질 실장부터 빨리 찾아야 했죠. 자격조건은 재무적인 지식과 영어 실력을 갖춘 사람이어야 했습니다. 여러 사람이 물망에 올랐지만 마땅한 사람을 찾지 못하던 차에 제 이름도 거론되었어요.

"해외투자실장은 최소 부장급 이상은 되어야 하지 않겠습니까? 외국에 나가 회사를 대표해 협상하는 자리인데, 권 과장 경력으로는 아직 이릅니다."

우려와 반대의 목소리들이 나왔고, 저도 말이 안 된다고 생각해 크게 신경 쓰지 않았습니다. 그런데 1988년 1월에 부장으로 이른 승진을 하게 됩니다. 구자학 회장님께서 저를 적임자라 생각하고 밀어붙이셨던 것 같아요. 과장 명함 가지고 해외 파트너와 일할 수는 없으니, 아예 부장으로 승진시켜서 해외투자실장으로 발탁해주신 거였죠.

'준비된 자에게 기회가 온다'는 말이 있어요. 겪어보니 이 말은 그저 상투적인 표현이 아니라, 금과옥조의 귀한 말이었습니다. 불현듯 영어가 부족한 것을 깨닫고, 영어 실력을 쌓은 덕분에 해외투자실이라는 좋은 기회가 제게 찾아온 것이죠. 물론 CEO의 전격 발탁이 있어서 가능한 일이었지만, 영어공부를 미리 해놓지 않았다면 그 기회조차 없었을 겁니다.

## 사업가의 자세를 배우다

해외투자실에서 일할 때 구자학 회장님께서 저를 자주 부르셨어요. 임원을 거치지 않고 실무자인 저와 직접 업무 관련 대화를 나누고, 출장도 여러 번 같이 다녔습니다. 옆에서 지켜본 회장님은 현장에 답이 있다고 생각하시는 분이었고, 현장 실무자들의 이야기를 경청하시는 분이었어요.

또 해군장교 출신이셔서 항상 허리를 곧게 펴고 단정하게 앉으셨고, 어떤 일을 할 때는 한 치의 실수가 없도록 스스로 빈틈없이 준비하셨어요. 절약정신도 대단하셔서 수첩을 쓰지 않고, 지난 달력이나 보고서 이면지를 잘라 메모지로 쓰셨죠.

얼마나 철저하신 분이었냐면, 회의를 할 때면 절대 책상 위에 팔을 올려놓으면 안 되고 바른 자세로 앉아 있어야 했어요. 또 고객과의 술자리에서 술을 따를 때는 술병 목에 홈이 세 줄 있는데, 두 번째 칸에 맞추어서 따라야 술이 안 흐르고 적당하게 잘 따를 수 있다고 가르쳐주시기도 했죠.

무엇보다 업무 능력이 아주 뛰어나셨는데, 금성사에 오시기 전에 에버랜드 건설을 추진하셨던 차라 부동산에 해박한 지식을 가지고 계셨어요. 외국에서 좋은 땅을 찾을 때나 건물을 사들여야 할 때 회장님의 혜안이 큰 도움이 되었죠.

어쩌면 회장님의 철저함에 숨이 막힐 수도 있었을 텐데, 저는 오히려 좋았어요. 제 DNA도 회장님과 비슷하거든요. 예를 들면 저는 제 물건들이 순서대로 제자리에 있어야 하는 사람이에요. 철저함을 좇는 이유는 쓸데없는 낭비가 없어지기 때문이죠. 물건을 찾느라 허투루 시간을 보내지 않을 수 있잖아요.

구본무 회장님께 인생의 철학을 배웠다면, 구자학 회장님께는 사업가가 가져야 할 자세가 어떠해야 하는지 많이 배웠습니다. 저에게는 참으로 고마운 은인들이십니다.

# 모르면
# 더욱 겸손하자

### 태어나 처음 영국 땅을 밟다

해외투자실을 맡기 전에 영국 공장 부지를 제안하는 회의에 들어간 적이 있어요. 담당자가 영국 거주 경험이 있는 고참 부장이라 영국에 대해 잘 알겠구나 생각하며 브리핑을 들었죠. 이후 질의응답 시간이 되었는데, 질문들에 제대로 답변하지 못하더라고요. 우왕좌왕하다가 호되게 질책만 받고 회의가 끝나버렸어요.

이후 제가 해외투자실을 맡게 되었고, 그 일이 제 업무가 된 겁니다. 당시에 저는 영국에 한 번도 가본 적이 없었을뿐더러,

영국에 대해 아는 것도 별로 없었어요. 그렇게 공장 부지로 적합한 후보 지역도 정하지 못한 채 런던 히드로공항으로 무작정 날아갔습니다.

공항에 도착해 미국에서 온 우리 회사 엔지니어와 만났는데, 그분도 영국에 대해 모르기는 매한가지였어요. 노력은 해봐야 되니 둘이서 기차를 타고 남쪽부터 시작해 영국을 한 바퀴 빙 돌았어요. 처음에는 나쁘지 않았습니다. 가는 곳마다 협상 파트너들이 공장을 유치하려는 마음에 대접을 잘해줬거든요.

하지만 시간이 흐를수록 점점 초조하고 불안해졌어요. 영국에 온 지 2주나 지났지만 어디가 최적의 장소인지 감도 오지 않았으니까요. 전임 담당자가 회의 때 깨지던 장면이 자꾸 떠올랐어요. 거기에 제 모습이 오버랩되었죠.

'이 일을 어떡하지?'

곰곰이 생각할수록 제가 영국에 대해 무지하다는 사실만이 명확해졌습니다. 심지어는 영국 파트너들이 하는 영어의 3분의 1 정도는 알아듣지도 못하는 상황이었어요. 이런 상황에서 더 돌아다녀봤자 뾰족한 수가 날 리 만무했습니다.

### 겸손해지니 방법이 보이다

**제가 아무것도 모른다는 것을 인정하고 겸손해져야겠다는 생각이 들었습니다. 희한하게도 공장 부지를 결정할 능력이 제게 없다는 것을 인정하니까 오히려 방법이 보였어요.** 유수의 글로벌 기업 가운데 영국에 공장을 지은 최근 사례가 있는지 찾아보면 되겠더라고요.

정보를 모으다 보니, 삼성과 도요타가 공장을 유치한 지역 가운데 겹치는 곳이 있었어요. 면밀히 분석해보니까 무릎을 탁 칠 만큼 괜찮은 곳이었죠. 당시는 삼성도 도요타도 글로벌로 나아가는 데 있어서는 우리 회사보다 한 발 앞서 있는 기업이었습니다. 그러면 그 회사에서도 저와 같은 임무를 받은 사람이 있었을 테니, 그들이 얼마나 잘 분석하고 검토해서 판단을 내렸겠어요. '그래, 여기다!' 싶었습니다.

지역을 결정하니 그다음부터는 일사천리였죠. 필요한 데이터를 모아 꼼꼼히 준비해서 회의에 들어갔습니다. 모든 질문에 거침없이 대답하고 회의를 마무리할 때가 되니 참석자들이 박수를 쳐주더라고요.

그때부터 **저는 일하기 전에 '지금 하려는 일이 지구상에서 내가 맨 처음 하는 일인가?' 자문하게 되었습니다.** 그게 아니라는 판단이 서면, 먼저 그 일을 한 사람을 찾아서 그 사람이 한 것을 공부합니다. 그것이 현명하고도 겸손한 태도라고 생각해요.

영국 공장 부지를 선정했을 때 다들 저더러 대단하다고 했지만, 사실 어떻게 보면 베낀 거잖아요. 제가 잘한 건, 수준이 안 된다는 걸 빨리 깨닫고 효율적으로 일할 방법을 찾은 것뿐이죠. 그렇지 않았다면 더 큰 고생을 했어도 좋은 결과를 만들 수 없었을 겁니다.

# 팀워크의 위력을
# 절감하다

### 한번 해투는 영원한 해투!

해외투자실 시절에는 출근하고 싶은 마음에 아침마다 설레었어요. 한 달에 절반 이상 출장을 나갔는데도 힘든 줄 몰랐죠. 일이 고되었어도 해외투자실의 팀워크가 좋았기에 가능한 일이었습니다. 1년 반 만에 태국, 필리핀, 영국, 멕시코, 튀르키예 다섯 나라에 합작 공장이나 단독 공장을 짓는 성과를 올렸는데, 당시 해외투자실 직원이 7, 8명이었습니다.

우리가 해내야 하는 고난도의 과업에 비해서 턱없이 적은 인원이었기에 뭉치지 않으면 성공할 수가 없었어요. 함께하는 직원들 모두, 우리가 젖 먹던 힘까지 내지 않으면 안 된다는 걸 잘 알고 있었죠.

제가 팀워크의 중요성을 이야기할 때마다 드는 비유가 있습니다. 10명이 최선을 다해서 들면 들리는 바위가 있어요. 이 사실을 아는 12명이 그 바위를 들면 들릴까요? 안 들려요. 왜냐. '12명이 있으니까 나 하나쯤은 덜 해도 괜찮겠지' 하고 마음을 놓아버리기 쉽거든요. 자신이 최선을 다하지 않아도 다른 사람이 최선을 다하겠지 생각하는 거죠. 그러다 보니 힘이 모이지 않아 못 드는 일이 생깁니다. 그런데 놀랍게도 8명이 들면 이 바위를 들 수 있어요. **각자가 '두 사람 몫은 내가 해내겠다'고 덤벼들면 불가능해 보이던 일도 해내게 됩니다. 인간의 능력은 자기가 알고 있는 것보다 훨씬 큽니다.**

해외투자실에 주어진 임무는 우리 팀원 수의 두 배는 되어야 할 수 있는 일이었으니, 모두가 자기 능력의 200%를 해야 하는 상황이었죠. 그런데 팀워크가 워낙 좋다 보니, 그 일을 모두 해낸 것입니다. 자기 능력의 200%를 다해준 류벽하, 홍정일, 이동선, 이연모, 이수봉, 백형식 님에게 감사드립니다.

## 불편한 대화를 할 수 있는 사이인가

심리학 이론 가운데 '조하리의 창 Johari's Window' 이론이 있습니다. 자신과 상대방과의 관계 인식을 네 가지 창으로 나눈 것이죠. 즉, 나도 알고 상대방도 아는 '열린 창', 나는 알고 있지만 상대방은 모르는 '숨겨진 창', 나는 모르지만 상대방은 쉽게 나를 관찰할 수 있는 '보이지 않는 창', 나도 상대방도 모두 알지 못하는 '미지의 창'입니다. 이 네 가지 창 중에서 나도 알고 상대방도 아는 '열린 창'이 넓어질수록 진정한 관계가 이루어진다고 해요.

이 이론을 대화에 적용해보면 다음과 같이 정리할 수 있어요. A와 B가 있다고 합시다. 첫 번째 관계는 서로에게 좋은 말만 하는 경우예요. 나쁜 소리는 절대 못하는 사이죠. 두 번째 관계는 A만 B에게 싫은 소리를 하고, B는 A에게 그러지 못하는 경우예요. 세 번째 관계는 반대로 B만 A에게 싫은 소리를 하는 경우죠. 두 번째와 세 번째는 상하관계처럼 불평등한 사이에서 많이 나타나겠죠. 마지막으로 네 번째 관계는 A와 B 둘 다 서로에게 좋은 소리뿐만 아니라 듣기 싫은 소리도 할 수 있고, 그것을 받아들일 수 있는 사이예요. 이 네 번째 관계가 되었을 때 진실한 대화를 할 수 있고, 진정성 있는 관계도 맺

|  | A → B | |
|---|---|---|
|  | 좋은 말 | 싫은 말 |
| 좋은 말 | 속마음을 감춘 겉치레 대화 | 불평등한 대화 |
| 싫은 말 | 불평등한 대화 | 긍정적이고 신뢰가 쌓이는 대화 |

(B → A)

**대화 속 조하리의 창**

을 수 있습니다.

감사하게도 우리 해외투자실 직원들은 서로에게 듣기 싫은 소리도 스스럼없이 할 수 있는 관계였어요. 제가 부장이고, 나머지 직원들은 사원, 대리, 과장이었는데, 불합리하거나 잘못된 결정이다 싶으면 지위 고하를 막론하고 할 말을 했습니다.

"부장님! 이렇게 하시면 어떡해요?"

"대리님! 이건 잘못됐다고 생각합니다."

사실 첫 번째 관계는 둘 가운데 한 사람이라도 싫은 소리를 조금만 하면 바로 깨져요. 두 번째, 세 번째 관계는 좋은 소리만 하던 사람이 싫은 소리를 하면 깨집니다. 네 번째 관계는 끈끈함이 어마어마하게 강해서 웬만해서는 멀어지지 않죠. 싫은 소리를 해도 서로의 진심을 아는 관계이고, 서로가 어떤 사람인지 다 아니까요.

지금 생각해보면, 우리 직원들이 무엇보다 인성이 참 좋았어요. 자기만 생각하는 이기적인 성향의 직원이 있었다면 팀워크가 좋을 수 없었을 겁니다. 서로 자기 일을 남에게 떠맡기지 않았고, 오히려 누가 힘들어하면 머리를 맞대고 함께 해결하려고 노력했죠. 퇴근 후에는 같이 술잔을 기울이며 사생활에 대한 고민도 털어놓을 정도로 돈독하게 지냈어요.

한번은 해외투자실에서 중요한 일을 하는 직원을 다시 뽑아야 하는 상황이 되었는데, 좋은 직원을 데려오기 위해서 모든 팀원이 전 부서를 돌아다니며 사람을 찾았어요. 그러다 좋은 성품의 열정적인 사람을 발견하고는 만장일치로 '저 사람이다' 해서, 우리 부서로 데리고 왔어요.

37년이 지난 지금도 팀원들과 자주 보는데, 만나면 "한번 해투는 영원한 해투!"를 외칩니다. 그때 합류한 최문희 님과 남편인 김해근 님은 함께 모임에 나올 정도로 여전히 친하게 지내고 있죠.

## 후배들이 0에서 시작하지 않도록

해외투자실에 있으면서 또 하나 기억나는 일이 '해외투자 업무 매뉴얼'을 만든 겁니다. 당시에는 어떤 조직이든 새로 투입된 사람이 '맨땅에 헤딩'하며 스스로 일을 깨우쳐야 하는 경우가 많았어요. 선배들이 그동안 해놓은 게 무엇인지 내가 앞으로 해야 할 일이 뭔지 정확하게 나와 있는 게 없었으니까요. 해외투자실에 오는 후배들은 안 그러길 바랐어요. 새로 생긴 조직이니만큼 처음부터 틀을 잘 세워놓고 싶었죠. 그러면 다음에 오는 후배들이 0에서 시작하지 않고 적어도 50에서는 시작할 수 있으니까요.

그런데 이 매뉴얼이 해외투자에 나선 다른 기업들에도 도움이 되었는지 강의 요청이 제법 들어왔습니다. 한창 해외투자 붐이 일어날 때였으니 그랬을 겁니다. 이후로도 저는 어느 조직을 가나 업무 매뉴얼 만드는 걸 꼭 해야 할 임무로 삼았어요. 해외투자실처럼 처음 생기는 조직에 간 적이 여러 번 있었는데, 그럴 때는 더욱더 매뉴얼 작업에 신경을 썼죠. 덕분에 후배들에게 일할 때 매뉴얼 덕을 보았다면서 고맙다는 이야기를 종종 들었습니다.

# 억울함은 미래를 위한 저축이다

### 출장에서 돌아오니 자리가 없어지다

"선배님, 어쩐 일이세요?"

이탈리아 나폴리 출장에서 돌아왔을 때 상상도 못 한 일이 일어났습니다. 제 자리에 다른 분이 앉아 계신 거예요.

CEO가 구자학 회장님에서 다른 분으로 바뀐 때였어요. 해외투자실이 어느 정도 자리를 잡으니까 오고 싶어 하는 직원들이 꽤 있었고, 출장 가기 전에 제 자리로 오고 싶어 하는 분이 있다는 소문도 듣기는 했죠. 혹시나 해서 인사부서에 확인했더니, 인사이동 계획이 전혀 없다고 확언하더군요. "권 부장이 적임자로 일 잘하고 있는데 왜 다른 사람을 발령내겠냐"고 해서 그런가 보다 하고 출장을 갔다가 막 돌아온 참이었어요.

"어, 나 여기 발령 났어."

그런데 새로 온 후임자가 제 대학 선배였는데, 제가 아주 좋아하는 분이었어요. 그런 분한테 뭐라고 할 문제는 아니어서 인사부서에 찾아갔습니다.

"어떻게 출장 중에 이럴 수가 있습니까?"

인사부서에서도 CEO의 결정 사항이니 어쩔 수가 없었겠죠. 하지만 적어도 '권 부장이 출장 중이니 일주일만 발령을 늦추는 게 좋겠습니다' 정도는 말해줄 수 있잖아요. 마음 같아서는 당장에라도 그만두고 싶었어요. 제가 출장에서 돌아온 이후에만 인사가 이뤄졌어도 마음의 준비를 할 수 있었을 텐데, 어떻게 이럴 수가 있나 너무 억울하고 서운하더라고요.

그런데 가만 생각해보니, 그건 너무 사치 같았어요. 회사에서 나를 해고한 것도 아니고, 발령 낸 곳도 남들은 다 가고 싶어 하는 심사부장 자리였는데, 이만한 일로 그만둔다? 그건 아닌 듯했죠.

그때는 정확히 어떤 마음이었는지 기억이 잘 안 나는데, 일단 참기로 했습니다. 나중에 돌이켜보니, 누군가 저를 도와주려고 그런 일이 벌어진 게 아닌가 싶어요. 어린 나이에 과장, 부장 직함 달고 날개라도 단 듯 거침없이 나아갔는데, 잠시 숨을 고르라고 브레이크를 걸어준 듯했죠. 만약 해외투자실에서 계속 잘나가기만 했다면, 어쩌면 자만에 빠져서 큰 실수를 저질렀을지도 모르는데, **누군가 멈추어준 덕분에 잠시 숨을 고르고, 한 단계 더 나아갈 수 있었습니다.**

### 억울함을 참아야 하는 순간

심사부장으로 있던 2년이 그리 즐겁지는 않았어요. 인사이동 과정에서 비롯된 오해 때문에 이래저래 불합리한 일들로 시달렸죠. CEO가 결정한 사항에 대해 제가 문제 제기를 하니 사장님도 조금은 못마땅하셨던 듯해요. 그러다 보니 저를 보는 시선이 곱지 않았고, 특별히 잘못한 일도 없는데 저를 깎아내리는 일들도 많았어요. 한번은 도가 지나칠 정도로 질책받는 일이 생겨서 '아, 그만두어야 하나' 생각하고, 직속상사인 전무님을 찾아갔죠.

"전무님, 더 이상 안 되겠습니다. 제가 있을 자리가 아닌 듯합니다."

전무님은 참아보라며 말리셨지만, 도저히 안 되겠어서 사장실 방문을 똑똑 두드렸습니다.

"사장님, 제가 점심을 대접하고 싶습니다. 긴히 드릴 말씀이 있습니다."

지금 생각하면, 부장이 사장한테 점심을 먹자니 참 가관이었죠. 그만큼 간절했습니다. 그런데 며칠 뒤 점심식사 자리에 임원 대여섯 분과 함께 나오셨더라고요. '아, 나랑 말씀을 나누고 싶지 않으신가 보다'라고 생각했죠. 식사를 마치고 전무님을 찾아가서 상황을 말씀드렸더니, 전무님이 "권 부장, 사장님이 당신한테 미안하다는 걸 그렇게 표현하신 거야. 권 부장이 하고 싶은 일이 있으면 얘기해봐"라고 말씀하셨습니다.

제 인생의 새로운 장이 또 한 번 펼쳐지는 순간이었어요. 고민을 좀 하다가 미국에 보내달라고 말씀드렸죠. 본격적으로 글로벌하게 일해보고 싶다는 의욕이 다시 꿈틀거리기 시작했습니다.

## 참으면 좋은 일이 찾아온다

일련의 일들을 겪으면서 **저는 억울한 일을 당하면 반드시 언**

**젠가는 좋은 일이 찾아올 것이라는 믿음을 갖게 되었어요.** 물론 억울한 일에 무조건 참으라는 말은 아니에요. 맞서 싸워야 될 경우도 있죠. 개인적인 억울함 앞에서 어떨 때 참고, 어떨 때 싸워야 하는지 잘 판단하는 것이 중요해요.

나중에는 사장님과도 관계가 좋아졌습니다. 미국에 보내주셔서 감사하다고 말씀드렸죠. 시간이 더 흘러서는 제게 큰 조언도 해주셨어요. LG디스플레이에서 전지 사업본부로 발령 났을 때 일이에요. 그 소식을 듣고 저를 집으로 부르셔서 위로해주시더라고요. 그러면서 당부하셨죠. "권 사장, 그만둔다거나 하는 엉뚱한 생각하고 있는 거 아니지? 힘든 거 잘 아는데, 그래도 조금만 참아요." 그러면서 당신이 살아온 이야기를 쭉 해주셨어요. 그 말씀을 들으면서 마음을 굳세게 먹고 잘해야겠다고 생각했죠. 지금은 고인이 되셨지만 당시 그런 말씀을 해주신 이헌조 회장님께 감사한 마음입니다.

# 올바른 일이라면
# 할 말은 하자

### 반골이라고? 잘못되었다고 말했을 뿐

1991년 금성사 미국 법인 관리부장으로 미국에 갔습니다. 그런데 미국은 가정 중심의 삶이더라고요. 한국에 있을 때는 일이 우선이라는 핑계로 가족은 항상 뒷전이었죠. 그때는 저뿐만 아니라 우리나라 가장들 열이면 열, 가족들과 시간을 보내기보다는 일하고 술 마시느라 맨날 집에 늦게 들어갔어요. 그런데 미국 가장들은 퇴근하면 집으로 바로 가고, 주말마다 이웃들과 파티하고, 여름휴가 때는 가족들과 여행을 가더라고요.

미국에 있으니까 자연스럽게 미국의 라이프 스타일대로 살게 되었죠. 덕분에 우리 아이들과 무척 가까워질 수 있었습니다. 한국에서는 도통 짬을 낼 수가 없어서 아이들과 함께 놀러 간 적이 거의 없었거든요. 처음으로 가족과 함께하는 행복에 푹 빠졌죠. 가정의 화목이 얼마나 중요한지 깨닫고 내면에서부터 채워지는 충만한 행복감을 느끼면서 가화만사성이 괜히 있는 말이 아니라는 걸 알게 된 시절이었어요.

그런데 회사에서는 곤란한 일들이 좀 있었어요. 그 가운데 하나가 과도한 컨설팅이었습니다. 그 당시 우리 회사뿐 아니라 미국에 있는 한국 기업들에 컨설팅 붐이 일었어요. 세계를 향해 처음 발을 내딛는 상황이다 보니 미국의 유명 업체에서 컨설팅을 받는 걸 당연하게 여기는 분위기였죠. 하지만 우리 회사는 너무 심하다 싶을 정도로 컨설팅을 많이 받고 있더라고요. 우리 회사가 컨설팅 업체를 먹여 살린다고 비아냥거리는 소리까지 들려왔죠. 자존심이 상해서 상사를 찾아가 강하게 말씀드렸어요.

"컨설팅 회사가 시키는 대로만 하면, 우리 스스로 판단할 수 있는 역량이 계속 떨어질 수밖에 없습니다. 컨설팅 횟수를 많이 줄여야 합니다."

제 말 뜻은 이런 거예요. 미국에서는 감기에 걸리면 약을 먹지 않고 푹 쉬면서 회복해요. 무조건 약 먹는다고 몸에 좋은 건 아니죠. 감기가 너무 심하거나 도저히 쉴 수 없을 때는 약을 먹어야겠지만, 그게 아니라면 쉬면서 스스로 체력을 보강하는 편이 낫죠. 그래야 면역력이 강해집니다. 자꾸 약으로 해결하다 보면 감기에 쉽게 걸리는 약한 몸이 되고 말죠.

**과도한 컨설팅은 무조건 약부터 먹는 것과 다르지 않아요. 필요할 때 약을 먹어야 약효가 좋듯이 컨설팅도 필요할 때만 받아야 하죠.** 버릇처럼 컨설팅을 받다 보면 조금만 난감한 상황이 생겨도 컨설팅 업체를 찾게 됩니다. 우리가 직접 해야 할 일이 있고, 컨설턴트가 해야 할 일이 있어요. 그런데 우리가 해야 할 일마저 컨설턴트가 하게 되면, 점점 노력을 게을리해서 실력이 늘지 않게 됩니다.

그런데 제 말이 소용없더라고요. 회사를 위하는 제 진심을 알아주길 바랐지만, '비판 좀 그만하라'는 말만 되돌아왔습니다. 도저히 안 되겠어서 전략을 바꾸어 컨설팅 업체에서 이것저것 조언할 때마다 아니다 싶으면 호통을 쳤어요. 그들이 하는 일의 퀄리티가 엄청나게 뛰어난 것도 아닌데, 영어로 그럴듯한 용어를 써가며 휘황찬란하게 이야기해 사람들을 현혹시키는 경우가 많았거든요. 예를 들면 '가격을 올리고 재료비와

경상비를 낮춰야 이익이 많이 난다'는 너무나 뻔한 말을 영어로 그럴싸하게 발표하는 거예요. 그걸 들으면 속에서 부글부글 끓어올랐습니다.

그러다 보니 어느새 저에게 '반골'이라는 낙인이 찍히더라고요. 하지만 저라도 컨설팅 업체에 휩쓸리지 않아야겠다고 생각해서 끝까지 깐깐하게 굴었습니다. 그러다 보니 컨설팅 업체들이 저와 일할 때는 어설프게 오지 않고, 제대로 실력을 갖추고 와서 우리 회사가 도움을 많이 받는 상황이 되었어요.

### 후배들에게 부끄럽지 않게 살자

또 하나는 제가 이해하기 힘든 인사고과를 받은 적이 있어요. 저하고 비슷한 일을 하는 부장이 있었는데 그분은 A를 받고, 저는 B를 받은 거예요. 그분도 저도 이상하다고 생각했죠. 누가 봐도 제가 더 열심히 어려운 일을 맡아 하면서 성과가 많았는데, 어떻게 이런 결과가 나왔는지 이해가 안 되더군요. 부당하다고 생각해서 직속 상사를 찾아갔어요.

"제가 B를 받은 이유를 설명해주십시오. 도저히 이해가 안 됩니다."

제가 조목조목 말씀드리자 수긍하시더니 A로 올려주셨습니다. 하지만 그분과의 관계는 상당히 불편해졌죠. 그래도 후회는 없어요. 이건 개인이 참아야 하는 억울함이 아니라 부당함이라고 판단했으니까요. 지금 와서 곰곰이 생각해보면, 당시에 상당히 불편하셨을 텐데도 저의 요구를 들어주신 그분께 정말 감사합니다.

해외투자실에서 심사부장으로 갈 때 참은 건 제 개인의 억울함을 참은 거예요. 그러나 회사의 잘못된 관행이나 부당한 대우를 수수방관하는 건 차원이 다른 문제죠. 가만히 있는 게 오히려 부끄러운 일이에요. 인사고과의 경우, 저 하나에서 끝나는 문제가 아닙니다. 잘못된 관행을 그저 두고 보면, 제 후배들도 피해를 볼 수 있어요. 그러니 정당한 인사고과가 이뤄지도록 문제 제기를 해야 하는 것이죠.

열심히 노력하며 사는 것도 중요하지만, 더 중요한 건 노력의 방향성입니다. 불이익이 오더라도, 비판을 받더라도, 옳은 일이라고 생각하면 입을 다물면 안 돼요. **쓴 약이 몸에 좋듯이 옳은 일에는 어렵더라도 목소리를 높이고 행동해야 합니다.**

## 어려움은 잠시, 실력은 영원히

옳은 일을 하는 사람에게는 필연적으로 어려움이 찾아와요. 이럴 때는 실력으로 승부하는 방법밖에 없어요. **회사에서 옳은 일을 하고, 할 말을 하는 건 '자발적 불편함'을 만드는 일입니다. 한편으로는 이 또한 실력이 있어야 할 수 있는 일이기도 하죠.**

저 또한 총대를 메고 부당함을 자꾸 지적하다 보니 어쩔 수 없이 수세에 몰리게 되었어요. 실력을 보여주지 않으면 낙오될 수밖에 없는 상황이었죠. 정신을 바짝 차리고 필요한 일들을 했습니다. 그중 하나가 해외법인 관리업무 매뉴얼 작업이었어요.

미국 법인에서 일하면서 곤란함을 겪었던 일들 가운데 하나는, 미국인 직원들이 금요일 아침에 사직서를 내고 곧장 짐을 싸서 가버리는 거였어요. 당시만 해도 우리나라에서는 회사에서 잘리지 않는 한 자기가 사직서를 내고 나가는 경우는 거의 없었어요. 그런데 미국에서는 채용 시 '회사를 그만두기 일주일 전에는 통보해야 한다'고 계약하더라도 금요일에 사표 내고 다음 한 주는 휴가를 내버리니까 인수인계가 제대로 안 되는 겁니다. 그래서 해외법인에 관리하러 간 사람들이 해야 할 일들을 매뉴얼로 만들기 시작했어요. 배울 사람이 없어도 매뉴얼을 보고 일할 수 있도록 아주 철저하게 만들었죠.

당시 우리 회사의 해외법인이 영국, 프랑스 등 10여 개국에 있었는데, 제가 있는 미국 법인의 규모가 가장 컸어요. 업무 매뉴얼이 완성되었을 때 해외법인 사람들을 미국으로 불러 모아 워크숍을 열었습니다. 그동안 쌓은 제 경험과 노하우를 바탕으로 만든 매뉴얼 설명회를 한 것이죠.

**매뉴얼은 업무를 상향평준화할 수 있는 좋은 수단이에요.** 같은 회사에서 같은 일을 하는 사람들 가운데 어떤 사람은 일을 잘하고, 어떤 사람은 그러지 못하는 경우가 있어요. 저는 그게 항상 안타까웠어요. 해결 방법은 못하는 사람이 잘하는 사람에게 가서 배우는 것이죠. 그런데 좀 더 효율적으로 하는 방법이 매뉴얼 작성입니다. 매뉴얼로 만들어놓으면 가서 배우는 불편함도 없애주고, 보다 효율적으로 잘하는 사람의 일을 배울 수 있기 때문이죠.

# 낙동강
# 오리알이 되다

## 돌아갈 자리가 없다

3년간의 미국 법인 생활을 마치고 개인 사정으로 1994년 봄에 한국으로 돌아오게 되었어요. 장모님 건강이 갑자기 나빠지셔서 아내와 아이들이 1993년 가을에 먼저 귀국하고, 혼자 미국에 남아 있으려니 너무 힘들었어요. 낮에는 일하느라 정신없어서 괜찮았는데, 저녁때면 한국 식당에서 얻은 누룽지로 식사를 때우곤 했죠. 주말에는 더 처량해졌어요. 다들 가족들과 지내는데 저만 혼자니 못 견디겠더라고요. 그래서 회사에 한국으로 돌아오고 싶다고 요청했죠.

그런데 한국에 돌아갈 자리가 없다는 겁니다. 갑자기 '낙동강 오리알'이 되었어요. 투명인간처럼 존재감이 사라진 느낌이었죠. 제 사정으로 갑자기 들어오겠다고 하니까 회사에서 준비가 안 된 측면도 있었겠지만, 그것보다는 '반골'로 소문이 나서 받아주는 부서가 없었던 겁니다.

부사장님 한 분이 미국에 오셨을 때 사태의 심각성을 알려주시더라고요.

"권 부장, 지금 심각한 상황이야. 자네를 받아줄 부서가 하나도 없어. 그룹의 구조조정본부 쪽에 한번 연락해봐."

하지만 그쪽이라고 저를 받아주겠어요. 냉담하긴 마찬가지였죠.

'아, 정말 돌아갈 곳이 없구나. 대기 발령자가 되겠구나.'

한참 낙담하며 지내던 중에 제가 갈 자리가 마련되었다는 소식을 들었습니다.


### 없는 부서를 새로 만들다

아무 데서도 저를 받아주지 않자, CEO께서 저를 위해 아예 새로운 부서 하나를 만들어주신 거였어요. '권영수를 내보낼 수는 없으니, 경력을 살릴 만한 부서를 만들어보라'고 인사부서에 지시를 내리신 것 같았어요.

ACT$^{\text{Alliance Coordination Team}}$라는 부서였습니다. 해외 유수 기업과 전략적 제휴를 맺는 일을 하라는 거였죠. 발령을 받아 가니 직원은 저 혼자였고 책상도 없었습니다. 회의실용 탁자 하나가 전부였어요. 시간이 지나면서 직원들이 한 명, 두 명 들어왔습니다.

마이크로소프트 같은 미국의 테크기업들과 서로 윈윈$^{\text{win-win}}$하며 협력할 부분이 있는지 찾아내는 일을 했는데, 새로운 업무인 데다 해외투자실이나 미국 법인 때와는 또 다른 세계화의 영역이라 재미있었어요. 이때도 직원들과 열심히 했는데, 크게 성과가 있었던 시기는 아니었습니다.

# 사업 실패자는
# 죄인이다

### 게임 사업, 참혹한 실패

ACT 부서에서 일한 지 1년이 채 되지 않은 1994년 말에, 신규 사업의 사업부장을 해보라는 제안이 들어왔어요. 주어진 일만 하면서 조용히 지내는 와중에 받은 제안이라 솔깃했죠. 해외투자실부터 시작해 새로운 일을 하는 데는 자신 있었기에 덥석 하겠다고 했습니다.

3DO컴퍼니에서 개발한 게임기에 대한 라이선스를 취득하고 '금성 3DO 얼라이브'라는 이름으로 게임기를 발매하는 사업이었는데, 이 사업을 진행할 사업부장을 맡으라는 것이었어

요. 처음부터 꽤 리스크가 있다고 소문이 나서 누구도 선뜻 맡겠다고 나서지 않는 상황이었던 탓에 저에게 일이 떨어진 게 아닌가 싶어요. 회사에 들어온 뒤 기획, 관리, 투자와 관련된 업무를 주로 했기 때문에 사업 경험이 전무했지만, '화끈하게 한번 해보자!'는 의욕이 샘솟았습니다.

그래서 게임기 발매뿐만 아니라 한국어 번역 게임도 내고, 체험관도 만들고 전국에 게임장을 수십 개 여는 등 적극적으로 사업을 펼쳤어요. 그런데 3DO 게임기의 개발부터 내재하던 여러 가지 문제들이 발목을 잡았고, 소니, 세가, 닌텐도 같은 경쟁업체들의 기세도 제가 예상했던 것보다 훨씬 더 대단했어요. 시간이 갈수록 적자가 어마어마하게 쌓여갔죠. 화끈하지만 두서없이 공격적으로 진행했던 마케팅이 무리수가 되었던 겁니다.

처참히 실패하고, 회사에 더는 사업을 지속할 수 없다고 보고했어요. 만 2년을 채우지 못하고 사업을 접은 건 LG그룹 역사상 없는 일이었습니다. 대역죄인이 된 기분이었어요. 그동안 쌓아왔던 공든 탑이 와르르 무너졌습니다.

## 난파선의 선장

'이제는 진짜 회사를 그만둘 수밖에 없겠구나.'

사업을 대차게 말아먹었으니 마음의 준비를 했습니다. 얼굴을 들고 출근을 못 하겠더라고요. 다들 저를 손가락질하는 것만 같았어요. 자존감이 바닥을 쳤죠. 무엇보다 직원들의 얼굴을 보기가 힘들었습니다. 신규 사업이 잘될 테니까 함께하자며 데리고 온 직원들이었거든요. 저에 대한 원망이 얼마나 크겠어요.

거기다 매일 신체적인 위협에도 노출되었어요. 당시 게임장들은 조직폭력배가 하는 경우가 많았는데, 저희가 개설한 게임장의 업주들도 크게 다르지 않았어요. 게임장이 폐업 위기에 몰리니까 저더러 투자금을 물어내라고 찾아왔어요. 너무 무서웠죠. 그런 와중에 제 사정을 듣고 이직을 권유하는 곳도 있었어요.

"권 부장이 오너도 아닌데 뭘 그리 걱정해? 월급쟁이는 떠나면 끝이야."

그런 말을 들으니 훌쩍 떠나는 게 제일 속 편할 것도 같았죠. 그런데 조금 진정되고 나니까 저만 쳐다보고 있는 직원들이 보였어요. 그들의 불안하고 초조한 눈빛에 마음이 무너졌습니다. 누구나 안정적인 곳에서 일하고 싶잖아요. 그런 마음을 접고 저를 믿고 따라온 사람들을 두고 떠나면 안 되겠더라고요. 떠날 때 떠나더라도 이들을 책임져야 한다고 생각했습니다. 무작정 떠나는 건 이기적이고 도리가 아니죠. 침몰하는 난파선의 선장이 선원들을 버리고 도망가면 어떡합니까. 그것도 선장의 잘못으로 배가 물속에 가라앉게 된 건데요. 직원들을 모두 불러 모았습니다.

"실패의 모든 책임은 저에게 있습니다. 여러분이 정말 열심히 해줬는데 면목이 없습니다. 마지막으로 최대한 여러분이 원하는 부서에 갈 수 있도록 힘쓰겠습니다. 그러니 한 번만 더 저를 믿어주세요. 여러분이 다 자리 잡을 때까지 떠나지 않겠습니다."

저는 최대한 직원들이 원하는 곳으로 인사이동이 되도록 동분서주했어요. 이 일만 마무리되면 그때는 마음 편히 사표를 낼 생각이었습니다.

### 실패가 가르쳐준 3C 분석

게임 사업에 멋모르고 뛰어들었다가 쫄딱 망한 뒤, 사업은 열심히 하는 것만으로는 절대 성공할 수 없다는 걸 뼈저리게 깨달았습니다. '3C 분석'을 책이 아닌 실패의 경험으로 확실히 배운 것이죠. **사업을 하려면 고객Customer을 알고 경쟁사Competitor를 알고 우리 회사Company를 잘 알아야 하는데, 그때 저는 경쟁사가 강하다는 것만 알았지 나머지는 몰랐어요.** 고객이 뭘 원하는지도 정확하게 몰랐고, 우리의 실력도 몰랐습니다. 실력이 꽤 있다고 착각했던 것이죠.

 이후로는 3C를 확실히 분석해서 해볼 만하다는 결론이 나면 싸울 전략을 먼저 짰어요. 게임 사업을 할 때는 어디서도 배우지 못한 채 무턱대고 뛰어들었다 크게 실패했지만, 결과적으로는 이때의 실패가 이후 CEO가 되었을 때 어디서도 구하지 못할 좋은 약이 되었습니다. 아마 이때 게임 사업을 해보지 않았더라면, 또 게임 사업에 실패하는 어려움이 없었더라면 저는 제가 무엇이 부족한지 알지 못했을 것이고, 부족함을 채우려 노력하지도 않았을 겁니다. 결국 제게 찾아온 어려움은 부족한 것을 배우게 해서 저를 다시 성장시키는 기회가 된 것이죠.

# 실패한 사람을
# 중용하다

### 알면 아는 대로 행동하자

"권 부장, 전략기획 담당을 맡아주세요."

사표 낼 준비를 하고 있던 어느 날, 인사부서에서 연락이 왔어요. '담당'은 부장과 임원 사이 직책인데, 그 가운데서도 전략기획 담당은 브레인들만 가는 요직이에요. 너무 느닷없는 제안이라 깜짝 놀랐습니다.

"네? 그게 무슨 말씀이세요? 제가 어떻게 그 자리에 갑니까? 안 될 말씀입니다."

자격이 없다고 생각해 두 번이나 정중히 거절했어요. 사업에 실패한 지 얼마 안 된 시점에 저 스스로도 그 자리에 간다는 게 이해가 안 되었고, 남들도 용납해주지 않을 거라 생각했습니다. 죗값을 치러야 할 대역죄인이 그 좋은 자리에 올라간다니 말이 안 되는 거였죠. 그런데 다시 연락을 해서는, 회사를 나가든지 전략기획 담당을 맡든지 선택하라는 겁니다. 나중에 알고 보니, 저를 전략기획 담당으로 추천한 분이 회사에 강하게 주장하셨다고 해요. 그분 말씀의 요지는 이렇습니다.

'실패가 성공의 어머니라고 흔히 이야기하지만, 우리는 실패한 사람을 낙오자라고 생각해 받아들이지 않는다. 그러나 실패는 굉장히 중요한 경험이고, 그 경험을 한 사람은 회사에 꼭 필요하다. 그러니 이번에 큰 실패를 경험한 권영수를 전략기획 담당에 앉히자. 이렇게 **큰 실패는 쉽게 경험할 수 있는 게 아닌데, 그 중요한 경험을 버리는 건 회사의 손해다.**'

'알면 아는 대로 행동하자'는 말이 있습니다. 우리가 아는 것이 많아도 그걸 행동으로 옮기는 건 쉽지가 않아요. 특히 지식인들 중에는 아는 것과 행동 사이에 괴리가 큰 사람이 많죠. 행동할 때 찾아올 불이익이나 불편함 때문에 혹은 무관심으로 알아도 행동하지 않는 경우가 비일비재합니다. 그런데 이분은 '실패한 사람도 중용重用해야 한다'는 걸 아셨고, 본인에게 도움이 되는 것도 아닌데 목소리를 내신 거예요. 저도 이분을 본받아 아는 것을 실천하려고 노력하며 살고 있습니다.


### 어려움과 실패의 고리를 끊어내는 방법

게임 사업이 망하고 난 뒤 실패에 대해 많이 고민했습니다. 어려움이 올 때 그것을 실패로 연결시키지 않으려면 어떻게 해야 할까요. 도망치지 않는 것입니다. 어려움이 닥쳤을 때 도망치면, 어려움은 실패로 끝나버리고 말아요. 하지만 그 어려움에 직면해서 두 눈 부릅뜨고 당당히 맞설 때 어려움은 극복의 대상이 됩니다. 즉, 어려움과 실패의 연결고리를 끊어내는 것이죠. 그러려면 '바른길正道'로 가야 해요. 요행을 바라거나 책임을 회피하지 말고, 진정성을 가지고 바른길로 걸어야 합니다. 그리고 어려움을 극복하기 위해 공부를 해서 실력도 많이 쌓아야 하고 말이죠.

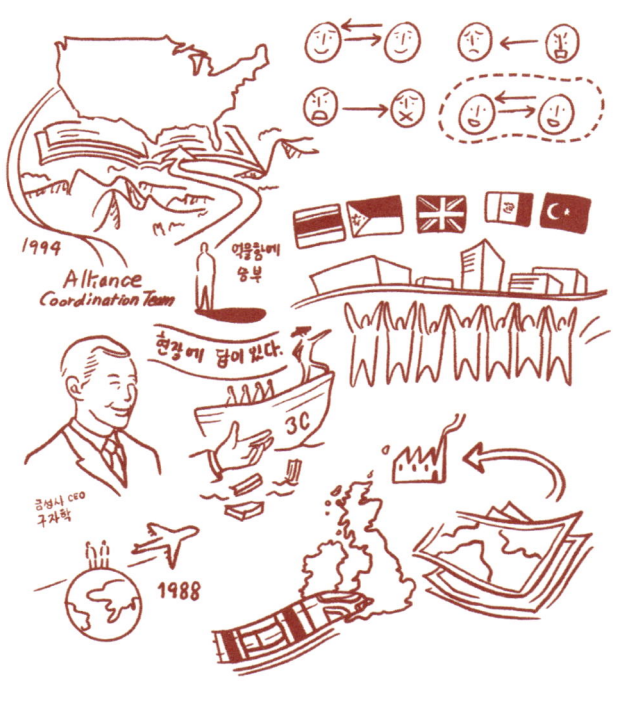

...
...
...
...

3장

# 절대 포기는 없다

# 하늘이 무너져도 솟아날 구멍이 있다

**IMF 위기, M&A 전선에 서다**

전략기획 담당으로 한창 일하고 있던 때 우리나라에 엄청난 위기가 찾아왔습니다. 1997년 초 한보그룹을 시작으로 대기업, 중소기업 할 것 없이 줄줄이 도산했고, 나라의 외환보유고는 바닥을 보였죠. 그해 말 한국은 국제통화기금IMF의 긴급 구제금융을 받게 됩니다. 당시 기업들에 인수합병과 구조조정은 선택이 아니라, 살아남기 위한 필수 과제였어요. 우리 회사도 예외가 아니었죠.

    1998년 10월, 회사에서 저에게 M&A 추진팀장을 맡으라고 제안했어요. 사업 경험도 있고, 미국에 근무하면서 글로벌 감각도 익혔으니 적임자라고 판단한 거죠. 솔직히 개인적으로는 달갑지 않았습니다. 전략기획 담당이라는 좋은 자리에서 위기 상황을 타개하기 위해 만들어진 새로운 팀에 가는 게 내키지 않았어요. 한국 기업들이 픽픽 쓰러지는 상황에서 좋은 값을 선뜻 낼 파트너를 찾는 게 얼마나 어려운 일이겠어요. 하지만 리스크가 크다고 제안을 거절할 수는 없었죠. 회사의 명운이 걸린 일이었고, 힘들어도 누군가는 해야 할 일이었으니까요. 다만 가시밭길이 눈앞에 그려지기는 했습니다.

그렇게 M&A 추진팀장으로 발령이 났고, 팀원은 저를 포함해 네 명이었어요. 일단 뭘 알아야 면장이라도 하겠기에 팀원들과 불철주야 공부했습니다. 노하우를 배우러 당시 M&A 본거지였던 홍콩에도 다니고 그랬죠.

그러던 어느 날 회사에서 일이 주어졌어요. 당시 본궤도에 오르고 있던 LCD(지금의 LG디스플레이) 지분을 매각해 외자를 유치하라는 것이었죠. 차세대 주력 사업이 분명한 LCD를 매각하는 건 회사로서는 큰 결단이었습니다. 눈물을 머금고라도 알짜배기 사업을 팔아야 할 만큼 절실한 상황이었어요.

우리 팀의 과제는 파트너로 선정된 네덜란드 회사와 합작법인을 추진하는 것이었는데, 처음부터 난관에 부딪혔어요. 상대측에서 50% 지분 인수 가격으로 2~3억 달러를 부르는데, 우리 기대치에 견주면 어림 반 푼어치도 없는 값이었죠. 100%로 올린다 해도 5억 달러 정도이니 아예 협상 진행이 안 되었어요. 서로 생각하는 값이 하늘과 땅 차이라 간극이 좁혀지지 않았죠. 시간이 흐를수록 초조해졌어요. 그룹을 살릴 책임을 다하지 못할까 봐 두려웠습니다.

### 협상에서 유리한 고지를 차지하는 전략

아무리 고민해봐도 방법은 승부수를 던지는 것밖에 없겠더군요. 그래서 사장님을 찾아갔습니다.

"사장님, 이대로는 결론이 안 날 듯합니다. 제가 한번 지르겠습니다."

"그러다가 상대측에서 아예 안 한다고 나오면 어쩌려고?"

"그렇다고 이대로 계속 끌려 다니기만 해서는 죽도 밥도 안 됩니다."

한 번은 넘어야 할 고비였고, 고비를 넘으려면 주도권을 가져와야 했어요. **전쟁에서 지형지물을 잘 파악해 유리한 고지**

**를 점령하는 것이 승리의 지름길이듯, 협상에서도 유리한 고지를 점령해야 해요.** 이번 협상에서 중요한 건 가격이었죠.

그래서 제가 "100억 달러에 팔겠다"고 질렀습니다. 상대 회사가 처음 제시한 금액의 30배가 넘는 금액이었죠. 이 소리를 들은 상대측의 반응은 예상대로였습니다.

"YS, 진심이에요?"

"진심입니다."

더 이상 저와 이야기할 수 없다고 판단했는지 다른 사람을 불러달라더군요. 그래서 제가 '협상 책임자는 나'라고 확실하게 못 박았죠. M&A 할 때는 한 사람에게 전권을 주어야 합니다. 책임자가 바뀌면 상대측에서 장난칠 수 있거든요. 상대편 협상자가 얼굴이 붉으락푸르락해지더니 자리에서 벌떡 일어나더군요.

"그렇다면 우리는 협상할 수 없습니다."

그러고는 가방을 들고 휙 나가버려요. 이 상황을 보고받은 우리 사장님의 얼굴이 흙빛이 되었습니다.

어쨌거나 공은 던져졌어요. 그 공을 받을지 말지는 상대방이 판단하는 것이죠. 기다림의 시간이 째깍째깍 흘렀습니다. 일주일쯤 지났을 때 드디어 상대 회사에서 연락이 왔어요. "결코 받아들일 수 없는 금액이지만 이야기나 들어보자"라더군요. 협상의 불씨가 살아난 거죠. 그리고 주도권이 우리에게 넘어온 겁니다. 우리가 제시한 금액에서 협상을 다시 시작하게 되었으니까요.

협상할 때는 제시된 가격을 내리거나 올리려는 측에서 온갖 이유를 대며 노력하게 되어 있어요. 제시한 측에서는 방어하면서 '조금 올려줄게', '조금 깎아줄게' 하는 것이죠. 처음에는 상대 회사가 제시한 2~3억 달러에서 우리가 더 올려달라며 온갖 이유를 대야 했다면, 이제는 우리가 제시한 100억 달러에서 상대측이 가격을 내려야 하는 이유들을 찾아야 하는 상황이 된 것이죠.

M&A 추진팀 모두 바빠졌습니다. 상대 회사의 본사가 있는 암스테르담과 협상 파트가 있는 샌프란시스코로의 출장이 이어졌죠. 장시간 비행하며 출장을 다녀올 때마다 피곤함이 누적되었어요. 하지만 결과는 대성공이었어요. 단일 규모로는 당시 기준 국내 최대 규모의 외자를 유치할 수 있었습니다.

**계약 체결 직전, 뒤통수를 맞다**

그리고 MOU 체결식 날이 다가왔어요. 체결식 장소를 정해야 했는데, 우리 정부도 회사도 한국에서 하기를 바랐어요. 이번 협상 성공은, 지긋지긋한 경제 위기에서 탈출할 물꼬를 틀 가뭄의 단비 같은 소식이었으니까요. 그런데 상대측에서도 의지를 굽히지 않더군요. 결국 암스테르담에서 체결식을 하게 되었어요.

1999년 4월 20일, 체결식 날짜와 아내 생일이 같아 지금도 정확하게 기억합니다. 당시는 전용기가 없을 때여서 구본무 회장님을 비롯한 일행 모두 일반 여객기로 가야 했어요. 파리를 경유해 암스테르담에 체결식 하루 전날에 도착했죠. 그런데 너무나 황당하게도 회장님 가방이 없어진 겁니다. 다른 사람들 짐은 다 있는데 말이죠. 그때 뭔가 기분이 찜찜했어요. 무슨 일이 생기려고 이러나 자꾸 불안해졌죠.

예감대로 만찬을 한 시간 앞둔 저녁 5시에 전화가 옵니다.

"팀장님, 와보셔야겠어요. 상대측에서 이상한 이야기를 합니다."

무슨 소린가 달려가 봤더니, 합의한 금액에서 상당액을 깎겠다는 겁니다! 다음 날 오전 10시가 체결식인데, 청천벽력 같은 소리를 들으니 눈앞이 아득해졌죠. 무슨 합당한 이유가 있는 것도 아니었어요. 궤변을 늘어놓으며 가격을 내리지 않으면 서명을 안 하겠다고 으름장을 놓더군요.

만찬이고 뭐고 밤을 새며 싸웠습니다. 하지만 아무리 설득해도 마이동풍이었어요. 그들은 일관되게 깎은 금액으로 서명하는 것 말고는 선택지가 없다며 버텼죠. 도저히 안 되겠어서 아침에 사장님에게 보고했어요.

"사장님, 회장님께 이 만행을 말씀드리고, 계약은 없던 걸로 해야겠습니다."

그러니까 사장님이 펄쩍 뛰시는 거죠.

"절대 안 될 말일세. 한국 정부도 지켜보고 있고, 모두 협상이 잘된 걸로 알고 있는데 지금 엎을 수는 없어."

"하지만 이게 말이 됩니까? 엉터리 논리를 대며 우리를 무시하는데요. 회장님께 보고해주십시오."

사장님은 지금 보고드리면 큰일 나니까 우선 체결식은 계획대로 진행하자고 하셨어요. 몇 번이나 안 된다고 말씀드렸지만, 결국은 하게 되었습니다. 회장님께서 체결 서명을 하시는 모습을 보는데 참담했습니다. 회장님만 이 일을 모르시는, 말도 안 되는 상황이었어요. 분노가 끓어올랐습니다.

'돈이 없으니까 이런 대접을 받는구나. 저들을 어떻게 해야 하나.'

한국에 돌아와서도 부아가 치밀어 한동안 잠을 잘 수가 없었어요.

어떻게든 잃어버린 금액을 되찾고 싶은데 방법은 보이지 않고, 회장님께도 조만간 보고드려야 했죠. 사실을 말씀드리고 책임지고 물러나는 것이야 기꺼이 할 수 있지만, 상황을 해결하지 않고 그만두는 게 도리가 아닌 듯했습니다.


### 끝날 때까지 끝난 게 아니다

저는 **어떤 문제가 생겼을 때 상대방의 입장이 되어보려고 합니다.** 도대체 어떤 생각으로 한 행동일까 따져보는 것이죠. 아무리 생각해봐도, 상대 회사의 CEO나 CFO가 이런 황당한 지시를 했을 리 없다고 생각했어요. M&A 담당 임원이 주도한 일일 텐데, CFO가 보고는 받았을 것 같았죠. 아마도 이런 대화가 오가지 않았을까요.

"갑자기 협상 금액을 깎는 건 너무 과도한 일 아닌가?"

"LG는 성과를 가지고 한국에 돌아가야 하니까 우리 제안을 쉽게 거절하지 못할 겁니다."

"그래? 그럼 한번 해보지 뭐."

하지만 CFO 입장에서 생각해보면, 신의보다 눈앞의 성과를 택했으니 마음에 걸리는 게 있을 듯했어요. CFO를 공략해야겠다는 결심이 섰죠. 그의 간담을 서늘하게 만들 만한 장문의 편지를 보냈습니다.

'M&A 역사상 이런 일은 없었습니다. 우리는 당신들에게 완전히 당했습니다. 당신들의 행위가 얼마나 잘못된 것인지 잘 알고 있으리라 생각합니다. CFO의 승인 없이 이번 일이 진행되었을 리 없습니다. 나는 이 합작법인이 설립된 날부터 법이 허용하는 범위 내에서 수단과 방법을 가리지 않고 당신네 회사를 끝장내기 위해 노력할 것입니다. 끝까지 응징하겠습니다. 그리고 그 책임은 당신이 온전히 져야 할 것입니다.'

얼마 후 CFO에게서 회신이 왔습니다. 자기들이 깎은 금액의 70%를 돌려주겠다는 내용이었죠.

일련의 사태를 겪으며 크게 배웠습니다. 아무리 힘든 상황이라도 절망하지 말고 방법을 찾아야 한다는 것, 중간에 포기하면 안 된다는 것을 가슴 깊이 새겨 넣었죠. 보통의 경우 계약서에 서명하면 끝이라고 생각하고 포기합니다. 하지만 계약은 둘 사이의 합의이기 때문에 둘이 마음만 맞으면 다시 고칠 수도 있어요. 잘못된 계약이라면 바꾸려고 해야죠. 상대방을 꿰뚫어보려고 노력하면 공략법이 보입니다. 간절히 원하면 하늘이 무너져도 솟아날 구멍을 찾을 수 있어요.

그렇지만 아직 100% 해결된 건 아니었어요. 깎인 금액의 70%를 돌려받았으니 원래 받기로 한 금액의 일부는 여전히 남아 있었죠. 그런데 뜻하지 않게 나머지도 해결됩니다. 당시 우리 경제상황이 안 좋다 보니 원화가 평가절하되어 있었거든요. 원화로 계산하면 원래 계약금액과 비슷하게 맞아떨어진 겁니다. 회장님은 계약금액을 달러가 아닌 원화로 알고 계셨기 때문에 우여곡절 끝에 마무리가 잘되었어요.

최종 서명을 하는 날, 상대측 회장님이 저를 보더니 다가와 껴안더라고요. 미안하다는 뜻이었죠. 저도 고맙다고 하고, 나쁜 기억은 훌훌 털어버렸습니다. 이때 협상이 실패했더라면 회사가 크게 어려워졌을 텐데, 다행히 외화가 들어와서 숨통이 트였습니다.

# 사즉생을 경험하다

그런데 회사 상황이 계속 안 좋아져서 다시 M&A를 해야 하는 상황이 되었어요. 이번 임무는 회사 지분을 팔아 합작법인을 만드는 것에 더해 상대측 회사에 상당한 금액을 빌리는 것이었죠. 다행히 이번 일은 제법 순조롭게 잘 이뤄졌어요.

서울 힐튼호텔 대강당에서 양측 대표들이 만나 서명하는 날이었습니다. 오후 2시에 서명식이 예정되어 있었는데, 11시 반쯤 전화벨이 울렸어요.

"상무님, 큰일 났습니다. 합작계약은 하겠다는데, 돈은 못 빌려준답니다."

계약 당일에 약속을 어기다니 기가 막혔습니다. 상대측의 이유는 이사회 승인이 안 났다는 거였어요. 눈에 보이는 뻔한 거짓말이었죠.

점심을 거르고 힐튼호텔로 달려갔죠. 상대측 협상 담당 임원과 단둘이 마주 앉았어요. 그런데 똑같은 말만 반복하는 겁니다. 정말 미안하지만 이사회 승인을 못 받아서 돈을 빌려줄 수 없다는 거죠. 말이 안 통하니 대화에 진척이 없었어요.

서명식이 예정되어 있던 2시가 넘었어요. 대강당에는 취재하러 온 기자들도 수십 명 있었습니다. 모두 기다리는 상황이었죠. 속이 타들어갔지만 급할수록 침착하기로 마음먹었습니다. 그리고 상대방의 입장을 찬찬히 생각해보았어요. 그들은 합작법인은 꼭 하고 싶지만, 돈은 빌려주기 싫은 것이었어요. 반대로 우리는 합작법인을 해서 돈을 벌어들이고, 그 돈만으로 부족해 더 빌려야 하는 상황이었죠.

상사의 승인을 받을 시간이 없어서 제 재량으로 2시 15분쯤 승부수를 던졌어요. 우리 처지가 돈을 못 빌리면 합작법인이라도 해야 했지만, 상대의 허를 찔러야겠더라고요.

"돈을 빌려주지 않으면 합작법인도 없습니다."

상대방이 깜짝 놀라며 정말이냐고 물었죠. 정색하며 진짜라고 말해주었습니다. 그러니까 잠깐 나갔다 오겠다고 해요. 곧 다시 들어와서는 돈을 빌려주겠다고 했어요. 대신 합작법인은 공식적으로 하고, 돈 빌려주는 건 비공식으로 하자더군요.

사즉생을 경험한 순간이었습니다. 죽기로 마음먹으니 살길이 열렸다고 할까요. 협상할 때는 마지막 순간까지 긴장의 끈을 놓으면 안 되고, 누구도 믿어서는 안 된다는 걸 다시금 깨달았습니다.

일련의 일을 겪으며 어려운 일에 대한 내공을 쌓을 수 있었습니다. 어려움과 싸울 때 이기려면 먼저 본인이 옳아야 해요. **옳게 행동해야 방법을 찾을 수 있어요. 저는 옳은 일을 하면 어려움을 이길 지혜가 주어진다고 믿습니다.** 역사 속 위인들이 결정적인 순간에 남들은 생각지도 못한 선택을 의연하게 하는 것도 같은 이유라고 생각해요.

게임 사업을 말아먹은 부장 시절에도 그랬지만, M&A 업무를 하면서도 산전수전을 겪으며 많이 단단해지고 성장할 수 있었습니다. 2000년대에 들어서서 재경 쪽에서만 승진을 거듭해서 회사에서 저를 CFO로 키우고 있다는 걸 알 수 있었죠. 그렇게 재경 담당 부사장, 재경부문장 부사장을 거쳐 2006년 LG전자 재경부문장 사장이 되었습니다.

# 만능 업무혁신에
# 빠지다

**재경 부문도 1등 할 수 있습니다**

CFO의 길을 걸으면서 '세계 1등'이라는 원대하지만 구체적인 꿈이 생겼습니다. 직원들에게 자주 이야기했어요.

"우리 재경 부문도 세계 1등이 가능합니다! 전자업종 회사 가운데 파이낸스 직무도, IT 직무도 제일 잘하는 회사가 됩시다!"

직원들의 눈이 반짝이는 게 느껴졌어요. 사업 부문이 아니더라도 세계 1등이라는 목표를 세울 수 있다는 것이 신선하게 다가갔죠. 막연히 열심히 하는 게 아니고 확실한 목표가 세워진 겁니다. 그때부터 전자업종 세계 1위는 어디이고, 그 회사의 회계, 금융, 세무, IT 부서는 어떻게 일하는지, 글로벌 기업에 대한 공부를 시작했어요.

공부해보니까, 회계에서는 결산을 가장 빨리하는 회사가 1등이고, 금융에서는 전 세계 법인의 돈을 한곳에서 관리하는 글로벌 트레저리 센터(Global Treasury Center, GTC)가 있으면 1등이고, IT에서는 글로벌 싱글 인스턴스(Global Single Instance, GSI) 시스템을 구축하는 것이 1등이었어요. 우리 직원들의 눈높이가 확 높아졌어요.

이 시기에는 업무혁신에 매료되어 푹 빠져 살았습니다. 보통은 빠르면 비싸고 정확하면 느린데, 업무혁신은 빠르고 정확하고 값싼 걸 한꺼번에 충족시키죠. 저는 아침형 인간은 아니에요. 그런 제가 CFO 때는 아침잠도 줄어들더군요. 매일 아침 8시부터 회의하며 1시간에서 1시간 반가량 모든 부서의 업무를 살펴보기 시작했어요. 헤아려보니, LG전자에는 1,400~1,500개의 업무가 있더군요. 그 업무들을 하나하나 리뷰하면서 잘못된 프로세스를 고치고 전산화하는 작업을 했습니다. 그때는 토요일에도 근무할 때라 토요일에는 종합 리뷰를 진행했어요. LG전자의 직원들이 효율적으로 일할 수 있게 될 거라 생각하니 신이 났습니다.

사실 어렵게 회사 들어와서 잡일 하는 거 다들 싫어하잖아요. 똑똑한 친구들은 잡일 때문에 회사를 떠나기도 해요. 회사에 잡일이 많으면 잡일만 잘하는 사람이 최고가 될 수 있어요. 하지만 업무혁신을 이루면, 잡일만 할 줄 아는 사람은 더 이상 할 일이 없어지죠. 예전에 주판으로 계산할 때는 주판 잘 놓는 사람이 유능한 인재였지만, 컴퓨터가 나오면서 주판 잘 놓는 사람이 필요 없어진 것과 같습니다. 시스템에 따라 필요한 사람이 달라지듯이 업무혁신을 이루면 잡일에 능했던 사람들은 도태되고, 창의적이고 주도적으로 일하는 사람들이 인정받습니다. 때문에 **업무혁신은 고급 인력을 데려올 수 있는 탄탄한 기반이 되죠. 회사 구성원이 실력 있는 사람들로 바뀌면 그 회사가 잘되는 건 당연한 일 아니겠어요.**

### 업무혁신으로 세계 최고를 꿈꾸다

IT 직무에서는 업무혁신을 이루기 위해 GSI 구축을 목표로 했어요. GSI는 LG전자 해외법인들의 ERP(Enterprise Resource Planning, 기업 자원 관리) 시스템을 하나로 표준화, 공용

화하는 것입니다.

회사의 글로벌 운영 규모가 점점 커지는 만큼 재무관리를 효과적으로 할 필요가 있었어요. 글로벌 기업이 되면 해외에서 발생하는 매출액, 생산량 등의 정보를 빠르게 파악해야 효율적인 경영이 가능해지기 때문이죠. 규제나 규칙 같은 것도 동일하게 적용해야 할 테고요. 그러려면 전 세계에 흩어져 있는 법인들을 하나의 시스템 아래에 두어야 했죠.

GSI 환경을 구축하려면 ERP 회사의 도움을 받아야 해서 오라클 본사에 찾아갔어요. 회의를 한창 하고 있는데, 누가 문을 열고 들어와요. 오라클의 회장 래리 엘리슨Larry Ellison이었어요. 엄청나게 성공한 세계적인 기업인을 눈앞에서 처음 봤죠. 엘리슨 회장은, 도대체 어떤 사람들이 그 어려운 GSI를 하려고 하는지 궁금해서 회의에 들어왔다고 하더군요. 천군만마를 얻은 기분이었어요. GSI를 꼭 하고 싶다고 했더니 자기가 전적으로 도와주겠다고 확답을 주었습니다. 오라클 입장에서도 우리 회사가 GSI를 성공시키면 대외적으로 내세울 포트폴리오가 생기는 것이니 협력할 이유가 충분했어요. 엘리슨 회장의 지원에 힘을 얻어 GSI 프로젝트에 탄력이 붙었습니다.

한 번씩 구본무 회장님께서 제게 물어보실 때가 있었어요.

"권 사장, 언제까지 CFO 하고 싶어요?"

"지금 진행하고 있는 GSI 작업이 완료될 때까지는 하고 싶습니다."

그러면 알겠다고 고개를 끄덕이셨죠. 이 약속이 지켜지지는 않았고 GSI가 완성되기 전에 다른 자리로 옮겨가게 되었지만 CFO를 하는 동안 즐거웠습니다. 대체로 관리부서의 분위기는 차분한데, 우리 재경 부문은 달랐어요. 매일 파이팅이 넘쳤습니다.

# 올바른 정보는
# 회사의 근본 경쟁력이다

### 모르면 모른다고 하세요

회사에서 '나쁜 사람'은 누구일까요? 회사의 돈을 불법으로 축낸 사람일까요? 물론 그 사람도 나쁘지만, 영향력 측면에서 더 나쁜 사람이 있습니다. 바로 모르는 걸 모른다고 하지 않고 잘못된 정보를 전달해서 잘못된 의사결정을 하도록 만드는 사람이에요.

회의할 때면 직원들에게 자주 부탁했습니다.

"저는 궁금한 게 많아서 질문을 많이 합니다. 그때마다 여러분들이 질문에 대한 답을 다 알고 있어야 한다고 생각하지 않아요. 모르면 모른다고 꼭 이야기해주세요. 아는 척하고 잘못된 정보를 주면 제 의사결정에 영향을 미쳐서 회사의 큰 손실로 이어집니다. 명심하세요."

많은 직원이 모른다는 이야기를 잘 안 합니다. 직원 입장에서는 당장의 위기를 모면하려는 것인데, 이건 리더의 탓이 커요. 직원이 잘 모르면서 아는 척하는 것 같으면 집요하게 물고 늘어져서 끝장을 봐야 해요. 그런데 게으른 리더들은 이런 확인을 거치지 않고, 그냥 믿어버려요. 그러면 이게 습관이 되고, 조직문화가 된다는 게 문제입니다.

저도 신입사원일 때부터 아는 척 보고하는 직원을 상사가 그러려니 하고 믿는 모습을 여러 번 봐왔어요. 그럴 때마다 둘 다 싫었지만, 대충대충 넘어가는 상사가 더 미웠습니다. 후배야 잘 보이고 싶어서 그럴 수도 있지만, 상사는 그러면 안 돼요. 집요하게 물어봐야 실수가 없어지고, 직원들의 실력도 향상됩니다.

### 맞아요? 맞습니까? 정말 맞아요?

제가 CFO 때 별명이 여럿 있었는데, 그 가운데 하나가 '권 대리'였어요. 대리처럼 세세한 것까지 다 물어본다고 생긴 별명이었죠. 저는 사원 시절부터 절대로 겉으로만 '나이스하고 젠틀'한 상사는 되지 않겠다고 다짐했어요. 그러다 보니 '지독하다', '무섭다'는 말을 많이 들었죠. 그래도 아랑곳하지 않고 회사와 직원들을 위한 길이라고 생각하며 철저하고 꼼꼼하게 일했습니다.

보고를 받을 때에도 뭔가 이상하다 싶으면 세 번 물었어요.

"맞아요? 맞습니까? 정말 맞아요?"

세 번째 질문까지 받으면 직원들이 "다시 알아보겠습니다" 그래요.

그렇다고 제가 끝까지 혹독한 건 아닙니다. 돌아가 확인했더니 잘못된 정보면 편하게 문자로 알려달라고 했죠. 다시 와서 보고하는 게 얼마나 불편하겠어요. 너무 부담 갖지 말고 사실만 알려주면 된다고 했죠.

저에게 이렇게 트레이닝 받은 직원들은 100%는 아니더라도 허투루 이야기하지 않고 정확한 정보를 전달하려고 노력했습니다. 저는 그게 회사의 기본 질서라고 생각해요. **회사에서 오가는 정보들이 100% 진실이면 그 회사는 파라다이스입니다.**

직원들이 제 앞에 오면 긴장을 많이 했는데, 사실 실력 없는 친구들이나 그런 것이지 실력 있는 친구들은 긴장할 필요가 없었어요. 거짓말이 걸릴까, 실력이 들통날까 긴장하는 것이었으니까요. 한편으로는 억울하기도 했죠. 조직문화를 바로잡으려고 했을 뿐인데 독하다는 평가를 받았으니까요. 회장님도 비슷한 말씀을 하신 적이 있어요.

"권 사장, 직원들이 힘들어해요. 좀 살살하세요."

그러면 저는 '예' 하지 않고 소신을 말씀드렸어요.

"회장님, 힘들지 않고 어떻게 세계 1등을 하겠습니까? 대신 제가 직원들을 계속 힘들게 하지는 않습니다. 2년쯤 지나서 저와 호흡이 맞춰지면 그때는 편해질 겁니다. 죄송하지만 그때까지만 기다려주십시오."

옆에서는 회장님한테 말대꾸한다며 눈치를 주었지만, 오히려 회장님은 제 노력의 의미를 인정해주셨습니다.

회장님께 드린 말씀대로 제가 리더로 간 곳의 직원들은 1년은 힘들 각오를 해야 했지만, 2년 차부터는 트레이닝이 되어 수월해졌어요. 집요하게 묻지 않아도 올바른 정보만 전달했죠. 그때 실력을 쌓은 친구들이 회사에서 승승장구하며 인정받는 모습을 보면 지금도 흐뭇합니다. 저한테 트레이닝 받은 게 도움이 되었다며 감사하다고 말해주면 보람도 느끼고요.

# 마음의 준비로
# 위기를 극복하다

### 시기와 질투, 경계해야 할 신호

2006년에 아들을 만나러 미국에 간 적이 있어요. 그때 우연히 한 분을 만났는데, 대뜸 이런 말을 해요.

"권 사장님, 지금 또래들 누구보다 잘나가고 계시죠? 잘나갈 때 조심해야 합니다. **시기와 질투의 대상이 될 때 위험 신호가 깜빡이는 법이에요.**"

어떻게 보면 뻔한 이야기였지만, 귀담아듣게 되었어요. 잘못 나대다가 구설에 오르지 말아야겠다고 생각했죠. 이른 나이에 사장으로 승진했으니 언론의 먹잇감이 될 수 있겠다 싶어서 기자들도 멀리했어요. 한편으로는 혹시나 나쁜 일이 찾아오더라도 충분히 생길 수 있는 일이라 생각하자고 마음먹었죠.

그런데 진짜 사달이 났습니다. 그해 11월, 우리 회사에 처음 출입하는 기자가 인사차 들르고 싶어 한다고 홍보실에서 연락이 왔어요. 한 해가 지나가는 시기이기도 하고, 간단한 인사 정도니 별일이야 있겠나 싶어서 수락했죠. 아주 짧은 시간 인터뷰를 했는데, 마지막에 이런 질문을 하더군요.

"LG전자에서는 일 잘하는 사람에게는 어떻게 하고, 못하는 사람에게는 어떻게 합니까?"

"일 잘하는 사람에게는 상을 주고, 대충 일하는 사람은 경각심을 가지도록 조치를 취해야 하죠. 그래야 열심히 일할 동기부여가 됩니다. 애매모호하면 죽도 밥도 안 돼요."

일반적이고 평범한 답변이었죠. 그런데 며칠이 지난 어느 아침이었어요. 홍보실에서 신문을 들고 와서는 사고가 났다는 겁니다.

신문 한 면 전체가 제 인터뷰 기사였어요. 환히 웃는 제 얼굴 위로 큼지막하게 "성적이 안 좋은 사업본부장은 집에 가라"는 제목이 보였습니다. 아찔했죠. 저는 이제 1년 차 초임 사장이고, 본부장들은 저보다 경력 많은 베테랑 사장님들인데, 이런 말도 안 되는 제목이 뽑힌 거예요. 한편으로는 올 게 왔구나 싶었습니다.


### 모두 책임지겠습니다

아니나 다를까. CEO께서 저를 부르더니 크게 질타하셨어요.

"무슨 인터뷰를 이따위로 합니까?"

말씀이 끝날 때까지 묵묵히 듣다가 단호히 말씀드렸습니다.

"이 기사 때문에 발생하는 모든 문제는 제가 책임지겠습니다. 이유 여하를 막론하고 책임지겠습니다."

그리고 낮고 조용한 목소리로 짧게 말씀드렸죠.

"그러나 기사 제목에 나온 말은 전혀 하지 않았습니다."

그러고 제 사무실로 왔더니 본부장들의 전화가 빗발쳤어요.

"네가 뭔데 우리를 자른다는 거야?"

"네가 말했으니까 기사가 났지, 아니 땐 굴뚝에 연기 날까?"

죄송하다는 말밖에 할 말이 없었어요. 이렇게 가는구나, 착잡했습니다.

'그래도 사장까지 했으니 회사에서 할 수 있는 건 다 해봐서 다행이다. 그만두게 되더라도 아직 젊은 나이니 다른 기회가

있겠지.'

　체념하듯 받아들였어요. 잘나갈 때 조심하라고 했는데, 나의 조심이 부족했으니 누구 탓도 하지 말고 그냥 받아들이자고 마음먹었어요. 마음의 준비가 되어 있었기 때문인지 어떤 결론이 나든 겸허하게 수용하겠다는 생각이었습니다. 그냥 우연히 생긴 기분 나쁜 일이라고 치부하지 않고 겪어내야 할 하나의 시련이라고 받아들였죠.

　보통은 자기가 하지 않은 말이 기사로 나면, 기자 욕을 하며 미친 듯이 화를 낼 겁니다. 억울하다고 사방에 떠들면서요. 만약 저도 그랬다면 어땠을까요? 제가 아무리 아니라고 주장한들 '권영수 저놈 또 잘났다고 떠드는구나' 했을 겁니다. 그때는 '책임지겠습니다', '잘못했습니다' 이 두 말 말고는 할 말이 없어요.

　지금 생각해도 그때의 제가 기특합니다. 억울함을 표출하지 않고 침착하고 바르게 행동한 저를 칭찬해주고 싶어요. 제가 LG디스플레이 CEO로 영전榮轉할 수 있었던 데에는 여러 가지 이유가 있었겠지만, 당시 억울했음에도 겸손하게 사과하고 의연하게 대처했던 부분이 좋게 평가된 것도 있는 듯해요. 시간이 조금 지나서 그 기사가 오보임이 밝혀졌거든요.

제가 후배들에게 자주 해주는 말이 있습니다.

**"네가 한 노력이 100인데 결과가 120이 나오면 기뻐할 게 아니라 두려워해야 돼. 언제 나쁜 일이 벌어질지 모르니 경거망동하지 말고 대비해. 그런데 네 노력에 비해 80이 나오면 곧 좋은 일이 있을 생길 거니까 기죽지 말고 기다려.** 세상을 살다 보면 좋은 일도 있고 나쁜 일들도 생기는데, 그때마다 일희일비하지 말고 마음의 평화를 찾으려고 노력해봐."

이 말을 알아들은 친구들은 오래도록 자기 길을 잘 걸어가더군요.

...
...
...
...

4장

# 경영은 사람의 마음을 얻는 것이다

# 사람이 따르지 않으면
# 나를 돌아보라

**경영의 첫 시험대에 오르다**

2006년 12월 초쯤 회장님께서 저를 찾으셨어요. 보통 정기인사를 앞두고 회장님이 부르면 나쁜 소식은 아니에요. 그런데 언론 사고가 터졌잖아요. 그러다 보니 좀 불안했죠. 그래도 뭐 어쩌겠냐 싶었는데, 회장님께서 딱 한 말씀 하시더라고요.

"권 사장, CFO도 CEO 잘하데요. 수고 좀 해줘요."

그 당시만 해도 CFO 출신이 CEO가 되는 경우가 국내에서는 드물었어요. 특히 LG그룹은 다소 보수적이어서 CFO는 CFO로, CEO는 CEO로 계속 가는 경우가 많았죠. 그런데 마침 그룹에서 CFO 하시던 분이 CEO로 가셔서 일을 잘한 덕분에 제게도 기회가 온 겁니다. 이제는 돌아가셔서 직접 뵙고 말씀드리지 못해 안타깝지만, 이런 기회를 주신 회장님께 감사한 마음을 전하고 싶습니다.

사실 CEO가 될 줄 알고 준비했던 것은 아니지만, 2005년 말 사장으로 승진하고부터 리더에 대한 공부를 계속 해왔어요. '권 대리'라는 별칭까지 생길 정도로 CFO로서 철저하고 꼼꼼하게 일해왔지만, CFO 2~3년 차가 되니 '일 말고 다른 게 필요하진 않을까' 하는 생각이 들더군요. 그래서 저와 함께 일하던 임원분들과 공부를 시작했습니다. 1년여 동안 업무회의 전에 일주일에 한 권씩 책을 읽고 주제를 발표하고, 함께 토론하는 시간을 가졌죠. 주로 《경청》《배려》《눈사람 마커스》같이 리더십에 관한 책들이었는데, 꾸준히 하다 보니 경청과 배려가 리더에게 꼭 필요한 덕목이라는 걸 어렴풋이 알겠더라고요. 그러던 차에 LG디스플레이 CEO로 발령이 난 거죠. 이제 책으로 배운 내용을 실전에 적용할 시간이 온 겁니다.

### 배려? 목을 베러 왔겠지!

그런데 그 당시에 LG디스플레이가 굉장히 어려웠어요. 어마어마한 적자가 나고, 은행에서 돈 빌리기도 쉽지 않고, 대학생들이 가장 가고 싶지 않은 회사에 오를 정도였죠. 그런데 정작 발령받아서 가는 저는 회사가 그렇게 어려운지 몰랐어요. 가서 봤더니 '어, 이게 뭐야?' 싶었죠. 그야말로 '멘붕'이었습니다. 어느 정도로 멘탈이 흔들렸냐면, 퇴근하고 집에 갔는데 현관 비밀번호가 생각이 안 나요. 또 어떤 날은 저녁 자리에서 누가 '어디 사세요?' 묻는데 빌라 이름이 가물가물하더라고요. 동네 이름만 생각나고. 그동안 회사생활하면서 많은 어려움을 겪었지만, 이런 상황은 처음이었어요.

그렇게 어찌할 바를 모르고 있는데, 회장님께서는 가끔 전화하셔서 회사 운영이 괜찮은지 물으시고…. 일을 하긴 해야겠는데 초임 CEO다 보니 경험도 없고, 도와줄 사람도 없었죠. 일단 그동안 알고 있던 것들을 총동원해보기로 했습니다.

우선, 직원들의 사기를 올리는 게 중요할 듯하여 '당근책'을 썼어요. 회사가 아무리 어려워도 잘하는 사람한테는 확실하게 '당근'을 주고, 잘못하는 사람한테는 강하게 페널티를 주자고 생각했죠. 조직에 활력을 불러일으키려면 그렇게 해야 된다는 게 제가 상식적으로 알고 있었던 거예요. 그래서 일 잘한 직원에게 '1억 원'을 주겠다고 발표했습니다. 지금도 그렇지만 당시 '1억 원'이면 아주 큰돈이었어요. 대신에 일을 못하는 사람들은 과감하게 정리하겠다고 했더니 난리가 났어요. 피도 눈물도 없는 CFO 출신이 '칼잡이'로 와서는 구조조정을 하려 한다는 소문이 쫙 퍼졌죠. 그게 아닌데. 아무리 제가 고생하는 직원 여러분들을 '배려'하겠다고 해도, '우리 목을 베러 왔겠지' 하면서 안 믿는 겁니다. 그러니까 저는 저대로 직원들을 위해서 열심히 하려는 마음을 어쩜 이리 몰라주나 속상하고, '이게 뭐지? 도대체 뭐하는 집단이야?' 싶어 원망스러웠죠. 역시 나는 CEO 체질이 아닌가 보다 싶었습니다.

### 내가 뭔가 잘못하고 있는 건 아닐까?

그러던 어느 날 불현듯 아버님이 써주신 글귀가 가슴에 콱 와닿더라고요. 우리 아버님이 워낙 말씀이 없으신 분인데, 아들이 CEO가 되니까 글귀를 하나 써주셨어요. "치인불치 반기지 예인부답 반기경 治人不治 反其智 禮人不答 反其敬"이라는 맹자님 말씀인데, '사람을 다스려도 다스려지지 않거든 나의 지혜를 돌아보고, 사람에게 예를 다해도 답례하지 않거든 나의 공경하는 태도를 돌이켜보라'는 뜻이에요. 즉, 내 뜻대로 안 될 때 상대를 탓하기보다 '내가 부족한 탓'이라고 생각하라는 거죠.

그 글귀를 찬찬히 새기다 보니까 '아, 내가 뭘 잘못하고 있는 건 아닐까' 싶었습니다. 나는 좋은 뜻으로 했어도 저렇게 부글부글 끓고, 불에다가 기름을 부은 것처럼 직원들의 화만 돋우는 상황이 되었으니 무언가 잘못된 거잖아요. 그런데 문제는 나를 돌이켜보려 해도 그게 잘 안 되는 겁니다. 내가 무엇을 잘못했는지 잘 모르겠어요. 왜냐하면 CEO에게 어느 누구도 잘못을 정확하게 말해주지 않거든요. 직원들이 와서 그런 얘기를 감히 못 하죠. 그러다 보니 까딱 잘못하다가는 본인은 다 옳고, 일이 안 되면 직원들이 잘못해서 그렇다고 생각하기가 쉽습니다. 어떤 일을 시켰는데 직원이 딴짓을 하면, 왜 딴짓하냐고 야단치기는 쉬워요. 하지만 내가 뭘 잘못했기 때문에 저 친구가 저렇게 하겠지 하는 생각은 전혀 못 하게 되는 거죠.

그래서 취임한 지 몇 달 만에 인사담당 임원을 외부에서 뽑았습니다. 분명 내가 잘못한 거 같은데, 안 그러면 직원들이 저렇게 동요할 리가 없잖아요. 그런데 우리 인사부서에서는 내가 잘못했다는 이야기를 잘 안 해요. 도저히 안 되겠어서 내

잘못을 가감 없이 이야기해줄 사람을 외부에서 뽑은 겁니다. 조미진 상무인데, 워낙 소신 있는 분이기도 해서 저에 대해 정확하게 말해줄 것 같기도 했고요. 그러곤 "지금부터 당신이 할 일은 내가 잘못된 게 뭔지를 파악해서 정확하게 이야기해주는 것입니다"라고 임무를 부여했어요. 그 뒤로 한 달에 한 번씩 리포트가 오는데, 끔찍했습니다.

가장 충격적이었던 것이 저를 '몰인정하다'고 한 거였어요. 그동안 많이 베풀고 꽤 인정 많은 사람이라고 자부하며 살아왔는데…. 너무 당황스러웠습니다. 저도 사람인지라 그런 리포트를 앉은 자리에서 바로 읽으니까 얼굴이 붉으락푸르락 감정이 드러나더군요. 그래서 미리 읽어보고 마음의 준비를 할 수 있게 리포트를 하루 전에 달라고 부탁했죠. 마음을 가라앉히고 만나야 솔직한 피드백을 받을 수 있잖아요. 그렇게 정례적으로 저의 잘못에 대해 피드백을 받았습니다.

### 나의 중요한 파트너, 코칭을 시작하다

그런데 제 잘못들을 어떻게 하면 바꿀 수 있는지 그 방법을 잘 모르겠더라고요. 그래서 생각해낸 게 '코칭'이에요. 곧바로 대한민국에서 코칭 잘하시는 분들 가운데 한 분인 박지숙 소장으로부터 코칭을 받기 시작했습니다. 이분은 제가 은퇴하는 그날까지 코칭해주신 고마운 분이에요.

그전까지 저는 워낙 바쁘고, 해야 할 일이 많다 보니 제가 하고 싶은 말을 직설적으로 강하게 하는 편이었습니다. 그러다 보니 직원들이 마음으로 따르기보다는 힘에 의해 끌려오는 경향이 강했죠. 물론 때로는 그런 강력한 리더십이 필요합니다. 하지만 코칭을 받으면서 직원들이 '심리적 안정감 Psychological Safety'을 갖고 일할 때 그 효과가 배가된다는 것을 깨달았어요. 그때부터 심리적 안정감을 주기 위해 사소한 것부터 바꾸기 시작했죠. 예를 들어 직원이 보고하러 제 방에 들어오면 앉아서 말하라고 했어요. 눈높이를 맞춘 거죠. 한번 생각해보세요. 직장상사는 의자에 턱하니 앉아서 보고받고, 직원은 서서 보고하고 있으면 그 직원의 마음이 어떻겠어요. 아마 긴장감이 배가되어 평소 실력보다 못할 확률이 크겠죠. 하지만 **눈높이를 맞추고 심리적 안정감을 얻은 다음에 대화를 하면 그 직원도 평상심을 가지고 자기 실력을 발휘할 수 있게 됩니다.**

또 하나는 '샌드위치 대화법'이에요. 긍정의 말로 대화를 시작하고 단점이나 질책 등 해야 할 이야기를 한 다음에 다시 긍정의 말로 마무리하는 화법이죠. **음식을 먹을 때 어떤 순서로 먹느냐에 따라 건강에 미치는 영향이 달라지듯이 대화도 어떤 순서로 하느냐에 따라 상대방에게 미치는 영향이 달라진다고 해요.** 때문에 자신이 어떤 의견을 말하고 싶을 때, 특히 부정적인 의견을 말할 때에는 더욱더 먼저 상대방에게 부분적으로 동감을 표시함으로써 상대방이 다음 말을 기분 좋게 받아들일 수 있도록 해야 해요. 그다음에 자신의 바람을 전달하고, 다시 한 번 상대방에게 희망과 격려를 아끼지 않는 거죠. 저도 직설적으로 필요한 말만 하다가 이렇게 대화법을 바꾸니까 쓸데없는 오해나 반감을 사는 일이 확실히 줄어들더군요. 상대방도 진심으로 자신의 잘못을 받아들이고 고치기 위해 노력하는 모습을 보이고 말입니다.

그런데 저만 바뀌어서는 직원들이 느끼는 효능감이 크지 않을 듯했어요. 당시 임원 중에 말이 너무 빨라서 알아듣기 힘든 분이 있었어요. 그런데 직원들은 상사가 말하는데 못 알아듣겠다고 할 수가 없잖아요. 못 알아들어도 그냥 "예예" 하고 돌아가서는 그 임원이 무슨 말을 한 건지 서로 맞춰보는 일이 생기더란 말이죠. 또 어떤 임원은 언행에 날선 표현이 많아 직원들에게 상처를 주곤 했죠. 이런 여러 가지 문제들을 코칭을 통해서 바로잡을 수 있도록 임원들도 일대일 코칭을 받게 했습니다.

당시 했던 코칭 방법을 간단하게 말씀드리면, 우선 교정 사항들을 발견하는 것부터 시작합니다. 임원 코칭의 경우, 코칭 받을 임원과 담당 코치, 인사담당 이사, 그리고 제가 함께 모여 당사자의 장점과 부족한 점은 무엇인지 본인에게 묻습니다. 그러고는 인사담당이 생각하는 보완점, 코치가 생각하는 보완점 등을 함께 토론해서 코칭의 방향을 정하고, 담당 코치가 교정 방안을 제시하죠. 그러고는 중간 중간 만나서 프로세스대로 잘되고 있는지 점검하고 피드백 받는 과정을 거칩니다.

CEO인 저는 물론이고, 임원급만 돼도 잘못을 말해주는 사람이 드뭅니다. 그러니 자신의 잘못을 수정할 기회도 별로 없게 되죠. 그러다 보면 굉장히 잘못된 게 있음에도 불구하고 본인이 잘난 줄 알고 잘못을 반복하게 돼요. 마치 고장 난 차를 계속 몰고 다니는 것처럼 말이죠. 그래서 자신의 잘못을 깨닫고 교정할 수 있는 코칭이라는 시스템이 필요했던 겁니다.

## 모든 일에는 정답이 없다

이런 과정을 거치면서 중요하게 깨달은 것들이 많습니다. 그 가운데 하나가 '모든 일에는 정답이 없다'는 겁니다. 취임 초반에 펼쳤던 당근책만 하더라도 그래요. 물론 당근과 채찍이 필요한 조직이 있어요. 그런 곳에서는 개개인이 살아남기 위해서 최선을 다하죠. 그런데 당근과 채찍이 오히려 마이너스인 조직도 있어요. 특히 **팀워크가 아주 중요한 조직, 서로 똘똘 뭉쳐야 되는 조직에 신상필벌은 정답이 아닙니다.** 힘을 합쳐서 협업해야 하는데 당근과 채찍으로 뿔뿔이 흩어놓는 꼴이 되고 말죠.

그런데 LG디스플레이는 개발부터 구매, 생산 등 모든 부서가 힘을 합쳐야만 되는 조직이었어요. 딱 분업이 되어 있는 게 아니라, 어떤 일이 생기면 다 같이 합심해서 일을 해결해야 되는 거죠. 그걸 전혀 모르고 당근책을 내밀었던 겁니다. 결국은 직원들한테 미안하다고 사과하고, 그 정책을 폐기했습니다. 그랬더니 부글부글 끓어오르던 회사 분위기가 한풀 가라앉더라고요.

그리고 또 한 가지 '배려에도 때가 있다'는 걸 알게 되었어요. 저에 대한 믿음이 없는 상태에서 아무리 잘해주겠다고, 배려하겠다고 해도 그저 사탕발림으로만 들리는 겁니다. 더군다나 제가 CFO 때 피도 눈물도 없다고 워낙 원성이 자자했다 보니, 아무리 잘해주겠다고 말해도 그냥 자기네들을 해치러 온 사람으로만 생각하는 거죠. 그래서 그때부터는 배려하겠다느니 잘해주겠다느니 하는 말을 하지 않았어요. 그보다는 저에 대한 믿음을 갖도록 노력하는 게 먼저라는 걸 깨달았습니다.

# CEO로서
# 나의 능력을 고민하다

**장치산업 고수 분들을 모시다**

당근 정책도 폐기하고 사탕발림 같은 말들도 할 수 없고, 그럼 뭘 해야 할까 고민했습니다. 결국 CEO로서의 실력을 보여줄 수밖에 없는 거죠. 권영수라는 사람이 CEO로서 할 일을 한다는 믿음을 주지 않고서는 제 역할을 수행하기 힘들다고 판단했어요.

그때부터 늦었지만 공부를 시작했습니다. 우선 멘토로 모실 장치산업의 고수 분들을 찾았어요. 그런데 당시 우리나라에는 장치산업의 고수가 별로 없었습니다. 다행히 일본에 계시는 분 중에 우리하고 친분이 있는 회사를 통해서 장치산업의 고수 세 분을 모실 수 있었죠. 그러곤 분기에 한 번씩 한국에 모셔서 계속 토론하고, 공부하고, 과외를 받았어요. 그렇게 장치산업에 대한 이해도를 차츰 높여갔습니다.

## 기계는 무한하고 사람은 유한하다

그렇게 과외가 마무리될 무렵에 멘토 한 분이랑 차를 타고 가던 중이었어요.

"권 사장님, 제일 중요한 거 하나를 빠트렸습니다."

"그게 뭡니까?"

"많은 엔지니어들이 자기의 지식과 실력은 무한한데, 기계의 능력은 유한하다고 말합니다. 하지만 정반대입니다. **기계의 능력은 무한한데 인간의 능력이 유한해서 문제가 생깁니다.**"

즉, 기계는 잘만 다루면 어마어마한 능력을 발휘하는데, 사람들이 기계를 잘못 다뤄놓고는 '기계가 고장 났어요' 해버린다는 거죠. 기계는 '나 고장 안 났어요'라는 말을 못 하니까 사람 얘기만 듣게 되는데, 그 말을 전혀 믿지 말라고 당부하셨죠.

그 말씀을 듣는 순간 '아, 이거다' 싶었어요. 그때부터 엔지니어들이 와서 기계에 문제가 생겼는데 어쩌고저쩌고 하면 "기계를 얼마나 아세요?" 하고 묻기 시작했습니다. 그리고 지금 생각해도 저 자신이 기특한 게, 기계가 사람 말은 못 해도 자기 뜻을 표현한다는 걸 알았어요. 그게 바로 데이터입니다.

### 기계는 데이터로 말한다

**기계에서는 수많은 데이터가 나옵니다. 그게 바로 기계가 자기 상태를 알려주는 언어죠.** '오늘은 컨디션이 좋다. 오늘은 굉장히 안 좋다. 조금 있으면 병 날 거다'라는 상태가 데이터로 쭉 나오는 겁니다. 그래서 그때부터 데이터를 얼마나 아는지 집요하게 물었어요. "이 기계에서 나온 데이터가 뭐예요? 이 데이터로 충분해요? 또 다른 데이터는 없어요? 이 데이터를 갖고 뭘 판단할 수 있어요?"라고 계속 질문에 질문을 더하니까 엔지니어들이 무척이나 당황하더라고요. 그전까지는 그런 얘기를 하는 사람이 없었던 거죠. 엔지니어가 "기계가 고장 났어요" 하면, "그래? 뭐 할 수 없지. 고쳐야지" 하고 말았단 말이에요.

그런데 초임 CEO가 와서는 기계가 데이터로 말한다 하고, 데이터가 충분한지, 데이터를 제대로 분석했는지 따지니까 처음에는 반발이 심했어요. 장치산업을 하나도 모르는 사람이 기계를 얘기하고 데이터를 얘기하니까 자존심이 상한 거죠. 그러던 어느 날 부사장이 와서는 "뭘 아신다고 그러세요?" 하면서 강하게 이의를 제기하는 거예요. 저도 지지 않고 밀어붙였어요. 확신이 있었거든요.

그게 요즘 말하는 빅데이터입니다. 빅데이터 분석이라는 걸 2007년도에 시작한 거죠. 그때부터 국내외에서 빅데이터 전문가들을 모으기 시작했습니다. 그리고 그들을 중심으로 일을 새롭게 꾸려나갔죠. 장치사업의 키는 기계이고, 기계는 데이터로 말하고, 데이터를 얼마나 잘 분석하느냐 하는 게 엔지니어가 할 일이었던 겁니다. 그렇게 차츰 주도권을 잡아갔고, '이거구나. 이렇게 끌고 가면 되겠구나' 하는 자신감도 생겼습니다.

### 생산성은 극대화, 손실은 최소화

그렇게 모멘텀을 잡고 "맥스캐파 Max Capa, 민로스 Min Loss" 활동을 시작했어요. 장비의 성능을 100% 이상 최대한으로 활용하고, 생산활동에서 발생하는 손실 부분을 최소화해서 생산성을 극대화하자는 거죠. 당시 그 경영 슬로건이 큰 반향을 일으키면서 전 그룹으로 확산되었고, 다른 회사들이 우리 회사로 벤치마킹을 오게 되었어요. 적자만 내는 그룹 내 '미운 오리새끼'이던 LG디스플레이가 '백조'로 탈바꿈을 시작한 거죠.

지금 돌이켜보면, 그 세 분 멘토들의 도움이 없었다면 오늘 이 자리에 있기 힘들었을 겁니다. 사실 모든 것에 완벽한 사람은 없어요. 시간이 지날수록 세상은 복잡해지고 부족한 부분은 점점 더 많아질 수밖에 없죠. 그렇기 때문에 타인의 도움을 잘 받는 게 중요합니다. CEO도 마찬가지예요. 모든 것에 완성형인 사람은 없습니다. 예전처럼 본인의 능력만 과신하는 경영인은 미래가 밝지 못하죠. **자기 자신을 정확하게 알고, 남의 도움을 잘 받을 수 있는 리더가 점점 더 중요해지는 시대입니다.**

# 극한도전:
# 할 수 있다는 자신감 키우기

### '해야 한다'에서 '할 수 있다'로 나아가기

그렇게 1년 반 정도 하니까 직원들이 서서히 저를 인정하기 시작했습니다. 마침 맥스캐파, 민로스 활동도 잘 맞아떨어져서 회사가 극적으로 반등하기 시작했죠. 그렇게 급한 불을 끄고 난 뒤 그다음으로 필요한 게 뭘까 생각했어요. 가만 살펴보니 직원들에게 자신감을 불러일으키는 게 먼저겠더군요. 초반에는 제가 '해야 한다, 안 하면 안 된다'는 말을 많이 했어요. 당시 회사 사정이 그렇게 이야기할 수밖에 없을 만큼 위기였죠. 다행히 그 시기를 잘 넘긴 다음에는 해야 한다는 당위에서 한 단계 더 나아가야 했습니다. 그러기 위해서는 무엇보다 직원들이 할 수 있다는 자신감을 갖는 게 필요했어요. 그때 제가 강하게 드라이브를 건 게 극한도전 활동입니다.

당시 우리가 했던 극한도전 활동으로는 안나푸르나 베이스캠프 등반, 킬리만자로 우후르 피크 등정, 중국 광저우 용선 원정, 황투고원 원정, 백두대간 종주 등 다양했어요. 이런 활동들은 단순한 이벤트가 아니라 극한도전 활동을 하고 온 대원들이 자신의 성공체험을 동료들과 함께 나누어 현장의 에너지도 함께 끌어올리기 위함이었습니다. 이를 위해서 극한도전 활동 자원자들 중 인성, 체력검사 등을 거쳐 최종 선발 과정에서는 직급과 직종, 사업장 등을 고려해서 선발했습니다. 한 부서나 사업장에만 치우치면 성공체험의 전파 속도가 느릴 테니까 본사, 파주공장, 구미공장의 다양한 직종에서 사원부터 임원까지 다양한 직급으로 골고루 안배했던 것이죠.

저는 극한도전 대원들이 돌아오면 함께 점심을 먹으며 그들의 도전기를 듣곤 했는데, 극한의 고생을 하고 돌아와 활짝 웃는 그들의 얼굴에서는 그야말로 빛이 났습니다. 고산을 오르며 산소 부족으로 신체 기능은 급격히 떨어지고, 두통, 구토 증세와 함께 숨 쉬는 것조차 너무 힘들어 더 이상은 단 한 발짝도 떼기 힘들 때, 포기하지 않고 한 발 또 한 발 내딛던 자기 자신이 그렇게 대견할 수가 없더랍니다. 그럼에도 불구하고 뒤처졌을 때는 자기 등을 밀어주고, 손을 잡아주던 동료들이 있어 다시 힘을 얻어 나아갈 수 있었다는군요. 그렇게 고통을 함께 이겨내며 단 한 명의 낙오자도 없이 도전에 성공했을 때의 감동과 희열이란 어떤 말로도 다 담을 수 없는 것이었다고 해요. 경험담을 들려주는 그들의 얼굴에서는 자기 자신에 대한 확신과 자부심, 팀원에 대한 애정과 강한 유대감을 느낄 수 있었습니다.

그 가운데 인상 깊었던 말이 있는데, 용선 원정대와 점심을 하던 때였어요. 용선 원정은 드래곤 보트 원정으로, 서로 호흡을 맞춰 노를 젓는 것이라 그 어느 때보다 팀워크가 중요한 활동이었어요. 그런데 초기에는 노 젓기도 힘들고 외국인 직원들과 함께하다 보니 대화도 안 되고 불협화음이 잦았다는군요. 더욱이 온종일 배에서 생활하니까 짜증도 늘고 불만도 커졌다고 해요. 그러다 보니 방향을 정하는 키잡이부터 함께 앉은 사람들이 호흡을 맞춰 노를 저어야 똑바로 나아가는 배가 제대로 가지도 못하더랍니다. 이대로 포기할 수는 없었던 대원들은 서로의 마음을 열고 대화를 나누기 시작했답니다. 말이 통하지 않아 손짓 몸짓으로 말하고 상대방이 하고자 하는 말의 의미를 이해하기 위해 집중해서 귀 기울여 들었다는군요. 그러다 보니 나중에는 눈빛만으로도 서로의 마음을 이해하게 되었고, 배도 똑바로 나아가고 속도도 빨라졌답니다. 그러면서 어떤 분이 "극한도전을 마치고 현업에 돌아온 후 무의식적으로 상대방의 입장에서 경청하고 이해하려 하는 자신의 모습을 보고 저 스스로도 놀랐습니다" 하더군요. 진정한 대화란 결국 마음으로 하는 것임을 깨닫는 계기가 되었다면서 말이죠.

저 또한 '우리는 하나'임을 강하게 체험한 활동이 있었는데 백두대간 종주입니다. 극한도전 활동이 마무리될 즈음이었는데, 60여 명을 두 팀으로 나눠서 한 팀은 설악산에서부터 백두대간을 타고 내려오고, 다른 한 팀은 지리산에서부터 위로 올라와서 중간지대인 문경새재에서 만나는 일정이었어요. 저도 마지막 날 문경새재에서 대원들을 기다리고 있었죠. 그날은 마침 안개가 자욱하게 피었어요. 안개 사이로 서로 다른 방향에서 대원들이 하나둘씩 모습을 드러내더니 서로를 알아보고는 마주 달려가 부둥켜안더라고요. "우리가 해냈다" 하면서요. 일주일을 밤낮없이 걷고 또 걸어 마주한 대원들의 얼굴에는 해냈다는 자긍심과 뭉치면 무엇이든 할 수 있다는 자신감이 가득했어요. 그 모습이 마치 영화의 한 장면 같았고, 저도 가슴이 뭉클해졌습니다.

**여기저기서 극한 활동을 하면서 알게 모르게 자신감들이 생겼어요. 그리고 이 자신감을 바탕으로 회사 내에서도 극한의 목표를 설정하고, 할 수 있다는 용기를 가지게 되었죠.** 그 당시 6번째 공장의 경우 94%의 수율을 달성해 역대 최고 수율을 기록했고, 다른 공장들도 자체 신기록들을 갱신해서 전체 평균수율이 흔히 '골든수율'이라고 부르는 마의 장벽을 훌쩍 뛰어넘었습니다. "멀리 가려면 함께 가라"는 말이 있듯이, 회사도 혼자만 잘한다고 되는 게 아니죠. 팀워크가 중요합니다. 극한에 도전하면서 어려움을 이겨내기 위해 서로 손을 잡듯이, 회사의 위기를 극복하기 위해 직원들이 '우리는 원 팀'이라는 마음으로 서로 손을 맞잡아 이루어낸 성과였습니다.

## 자발적 참여가 용두사미를 막을 수 있다

이런 활동에서 중요한 것은 직원들이 자발적으로 참여하게 하는 겁니다. 큰 비용을 들여서 하는 활동이니 좋은 인재들이 많이 참여했으면 하는 바람이 있을 수 있어요. 하지만 저는 한

번도 누구를 콕 집어서 하라고 강요한 적이 없습니다. 강제성을 발휘하면 처음에는 잘되는 것 같아도 금세 열기가 식어버리기 때문이에요. 용두사미가 되기 십상이죠. 반면에 자발적으로 하면 처음에는 약간 기대 이하일 수 있어요. 하지만 시간이 지날수록 점점 더 좋은 사람들이 모이게 됩니다. 물론 댐이 무너질 정도로 위급한 상황에서는 유능한 인재를 투입해서 문제를 해결해야 하죠. 하지만 그런 경우가 아니라면, 특히 지속적으로 해야 하는 활동에서는 직원들이 자발적으로 참여하는 것이 가장 중요합니다. 그래야 성공할 수 있어요.

당시 제가 강조해서 했던 말이 '억지로 시키지 마라'였습니다. "억지로 시키는 순간 이 프로그램은 끝이다. 불이 붙을 때까지 기다려라." 처음부터 큰불을 붙이려고 억지로 일으켰다가는 금세 열기가 식어버리기 때문이에요. 불을 붙일 때 큰불을 확 붙여버리면 처음에는 잘 타는 것 같죠. 그런데 그 불길이 사그라들면 불 자체가 꺼져버려요. **잔불을 일으켜서 차근차근 태워야 큰불이 되고 오래 갑니다. 그러니 조급해하지 말고 직원들이 스스로 하고 싶어 할 때까지 기다려줘야 해요.** 자발적으로 하게 두면 처음에는 미약하지만 그 끝은 그야말로 창대해집니다.

# 하고 싶다는 열망이
# 세계 1등을 만든다

### 세계 1등의 꿈을 꾸기 시작하다

극한도전 활동을 이어가면서 회사가 어느 정도 기반에 오르고, 경쟁사 턱밑까지 따라갈 즈음이었어요. 회장님께서 저를 부르시더니 "권 사장, 이제 세계 1등 한번 하죠" 그러시는 겁니다. 우리 회장님이 워낙 꿈을 크게 꾸시는 분이었거든요. 그래서 저도 "예, 한번 해보겠습니다" 했죠. 그런데 회사에 돌아와서 그 얘기를 했더니 직원들이 난감해하는 거예요. "아니, 사장님, 이제 겨우 위기 모면하고 먹고살 만해졌는데, 무슨 세계 1등입니까?" 하는 거죠. 당시 세계 1등이던 경쟁사가 워낙 잘하기도 했고요. 그래서 저도 "그렇죠?" 하고 말았어요. 그러곤 깨달았죠. '아, 세계 1등이라는 것은 누가 강요한다고 해서 되는 게 아니구나. 직원들이 스스로 하고 싶다는 마음이 있어야만 가능한 거구나.'

## 즐겁게 일할 수 있는 일터를 만들다

그럼 어떻게 하면 직원들이 하고 싶은 마음이 들게끔 할 수 있을까요? 제 결론은 '잘해주자'였어요. 직원들을 가장 중요한 고객으로 생각하고, 최우선으로 대하자. 그래서 아침에 일어나면 출근하고 싶은 일터로 만들자. 그렇게 되면 **하고 싶은 마음이 생길 것이고, 하고 싶은 마음이 생기면 자연스럽게 세계 1등이 될 거라는 확신이 있었습니다.** 왜냐하면 이미 그럴 능력이 있었거든요. 능력도 되고, 자신감도 있으니, 세계 1등을 하고 싶다는 의지만 생기면 되겠구나 싶었죠. 그렇게 '아침에 일어나면 출근하고 싶은 즐거운 직장 만들기' 프로젝트를 시작했습니다.

우선 즐거운 직장 팀장을 외부에서 채용했어요. 두 분은 호텔리어 출신이고, 한 분은 봉사활동을 하시던 분인데, 각각 파주공장, 구미공장, 본사에 배치했죠. 그러곤 직원들을 위해서 하고 싶은 것들을 마음껏 하라고 전권을 주었어요. 직속상사한테도 괜히 딴지 걸지 말고 그분들이 잘할 수 있게 지원해주라고 신신당부했죠. 그랬더니 정말 하고 싶은 일들을 제대로 하더라고요. 워낙에 서비스정신이 몸에 밴 분들이다 보니 직원들의 애로사항들을 비롯해서 직원 복리를 위한 일들을 봉사하는 마음으로 정말 잘해주셨어요.

그다음에 한 일이 전 세계 기업 가운데 당시 직원 복지를 가장 잘 챙기는 회사들과 '즐거운 직장 만들기' 동맹을 맺은 거예요. 한 곳은 비즈니스 분석 소프트웨어 기업인 미국의 새스$^{SAS}$ 사였고, 다른 한 곳은 일본 기업이었죠. 특히 새스 사는 《포춘》이 선정하는 '가장 일하고 싶은 직장(Great Work Place, GWP)' 1위에도 오르고, '일하고 싶은 미국 100대 직장'에 13년 연속 선정된 기업이었어요. 세 회사가 정기적으로 만나 우리 직원들을 행복하게 해주기 위한 여러 가지 프로그램들을 공유하고, 벤치마킹도 했죠. 한번은 새스 사의 부회장 일행이 우리 파주공장을 방문해 '즐거운 직장 만들기'에 대한 대화를 나누었는데, 그때 GWP 1위로 선정된 비결에 대해 물었어요. 그 대답이 제가 추구하는 가치와 맞아떨어져서 크게 공감했던 기억이 있습니다. **"회사가 직원들을 행복하게 하면 직원들이 고객을 만족시키고, 고객만족은 회사의 성장으로 이어진다는 믿음에서 비롯되었습니다."**

그 당시 했던 활동들 가운데 직원들 끼니를 챙긴 적이 있어요. 공장은 24시간 풀가동되니까 아침 조들은 7시면 출근하는데, 좀 출출하잖아요. 그래서 간편하게 먹을 수 있게 토마토, 선식, 인절미 등 건강식으로 아침을 제공하자고 제안했죠. 또 야간조가 퇴근할 때는 기숙사까지 가는 길이 좀 으스스했어요. 그 길에 불을 환히 밝혀주고 잔잔한 음악을 틀어놓아서 밤늦게 귀가하더라도 안전하게 다닐 수 있게 만들어주고, 파주공장 개천도 예쁘게 가꿔서 언제든 산책할 수 있게 만들었어요.

그리고 어마어마하게 큰 탁구장도 만들었죠. 아마 대한민국에서 가장 큰 탁구장이었을 겁니다. 탁구대가 40~50개 들어갔으니까요. 그 당시 회사 가동률이 높지 않아서 새 건물이 비어 있었거든요. 물론 2~3년 뒤에는 공장으로 사용했지만요. 그 좋은 건물이 비어 있는 게 너무 아까웠죠. 어떻게 할까 고민하다가 탁구장을 만든 거예요. 탁구는 축구나 다른 종목에 비해 위험하지도 않고, 여러 사람이 할 수도 있고, 직원들이 손쉽게 할 수 있으니 안성맞춤이었죠. 그때 제 즐거움 중에 하나가 점심시간에 탁구장에 가서 직원들이 왁자지껄 웃고 떠들면서 운동하는 모습을 지켜보는 거였습니다. 가만히 보고 있으면 저도 기분이 덩달아 좋아졌거든요. 이걸 계기로 공장별 탁구대회도 만들고, 중국 모듈공장 준공식 이벤트로 우리 회사 탁구대회 입상자들과 광저우 시 공무원들이 탁구경기를 하기도 했어요. 그때 저도 광저우 시장과 한판 승부를 펼쳤습니다.

그때는 정말 직원들의 행복을 위해서라면 온갖 것을 다했어요. 그중에 송년회 때 일화가 있어요. 모든 직원이 한자리에 모여서 송년회를 할 수가 없잖아요. 그래서 제가 낸 아이디어가 임원밴드를 구성해서 순회공연을 하자는 거였어요. 저를 포함해서 부사장, 전무 이런 분들이 밴드를 만들어서 12월 연말이 되면 기타도 치고, 색소폰도 불고, 드럼도 치면서 순회공연을 하는 거죠. 저는 색소폰이랑 드럼 담당이었고, 우리 사업부장인 한상범 부사장과 CFO인 정호영 부사장이 보컬이었어요.

1차 공연을 구미공장에서 했는데, 청바지에 하얀 옷을 갖춰 입고 연기 사이로 저희가 등장하면 환호성이 울렸어요. "야, 우리 사장님이 드럼 친다. 우리 전무님이 기타 친다" 그러면서 신나했죠. 그렇게 성황리에 공연을 마친 다음 헬리콥터를 타고 파주로 가서 2차 공연을 했죠. 공연하는 사람도 보는 사람도 정말 즐겁고 신나는 연말이었어요.

## 회장님의 청바지 선물

또 한 가지 기억에 남는 것은 복장 자유화예요. 이건 '즐거운 직장 만들기' 이전부터 시행했던 건데, 두 가지 경험에서 비롯되었어요.

하나는 사원 시절의 일이에요. 그때만 해도 회사에 들어가면 무조건 와이셔츠에 넥타이를 매야 했어요. 그런데 저는 와이셔츠 단추를 끝까지 채우는 게 그렇게 불편하더라고요. 숨이 꽉 막히는 듯해서 항상 맨 위 단추는 풀어놨습니다. 그러면 상사가 지적해요. "야, 너는 와이셔츠를 왜 그렇게 입어. 끝까지 다 채워야지." 그러면 "아, 이거 불편해죽겠어요" 이러면서도 마지못해 다 채우는 거죠. 아마 그때부터 복장에 대한 불만이 있었던 것 같아요.

또 하나는 일본 도요타 현장 경험이었어요. 한번은 회장님을 모시고 사장단이 도요타 벤치마킹을 하러 갔어요. 당시만 하더라도 도요타가 굉장히 앞서 있는 회사였거든요. 그런데 현장에서 일하는 직원들의 복장이 다 다른 거예요. 내심 놀랐죠. 우리가 상상했던 일본 공장은 직원들이 똑같은 작업복을 입고 일사불란하게 움직이는 모습이었거든요. 그런데 예상과 전혀 달랐던 거죠. 그때 누군가 물었어요. "직원들의 복장이 달라서 놀랐습니다. 왜 모두 다르게 입습니까?" 그랬더니 오히려 그쪽이 더 놀라더군요.

"왜 복장이 똑같아야 하죠? 직원들이 작업하는 내용이 다 다른데요. 어떤 사람은 오른팔을 많이 써야 하고, 어떤 사람은 많이 걸어야 하고, 또 어떤 사람은 허리를 굽혀서 하는 일이 많습니다. 일하는 내용에 맞춰서 자기가 가장 편한 옷을 입는 거죠. 우리 회사는 직원들이 자기 일을 하는 데 가장 편한 옷을 입는 데 전적으로 동의합니다."

듣고 보니 너무나 맞는 말이죠. 질문한 사람이나 듣는 사람이나 할 말이 없었어요. 도요타는 옷의 본질에 대해 생각한 겁니다. **'옷이라는 게 왜 필요할까? 옷이라는 건 입었을 때 편해야 한다. 작업을 하는 사람한테는 더더욱 그렇다.'**

거기에 힘입어 CEO로 부임하자마자 복장 자유화를 시작했어요. 직원들에게 입고 싶은 옷을 입으라고 하니까 자연스럽게 티셔츠에 청바지가 나오더군요. 사실 청바지라는 게 일거다득이에요. 우선 옷값이 양복에 비해 싸고, 다릴 필요도 없고,

자주 세탁할 필요도 없어요. 조금 더러워져도 그냥 입고 다녀도 괜찮아요. 더군다나 직원들의 아내 분들이 그렇게 좋아하는 겁니다. 와이셔츠 입으면 목둘레만 새까매져서 빨래하기도 힘들고, 양복바지는 날 세워 다리는 게 일이잖아요. 티셔츠나 청바지는 다릴 필요가 없어요. 세탁도 쉽고. 복장 자유화로 제가 아내 분들한테 칭찬을 아주 많이 받았어요.

그런데 처음에는 우리 직원들도 쭈뼛쭈뼛하면서 못 입더라고요. 그 당시 그룹 전체에서 우리 회사만 유일하게 복장 자유화를 시행했거든요. 다른 회사들은 눈치 보느라고 안 하더라고요. 제 생각에는 자유롭게 옷을 입으면 직원들도 좋고, 집에서도 좋아하고, 그렇다고 회사에서 비용이 들어가는 것도 아니잖아요. 안 할 이유가 없죠. 그래서 저부터 청바지를 입기 시작했습니다. 그랬더니 자연스럽게 퍼져나가면서 복장 자유화가 정착되었어요.

복장 자유화가 좋은 또 다른 이유가 있었습니다. 흔히 직원들을 블루칼라, 화이트칼라로 구분하잖아요. 우리 회사의 경우에는 현장에 있는 직원들은 현장복이 따로 있었지만 보통 자유복을 입었어요. 그런데 사무직은 양복바지에 와이셔츠를 입어야 했죠. 복장 구분으로 인한 보이지 않는 벽이 알게 모르게 쌓이는 거예요. 그런데 **모두 자유복을 입으니까 블루칼라랑 화이트칼라가 똑같아지잖아요. 그러니까 사이도 더 돈독해지더라고요. '우리는 동료다, 가족이다'라는 결속감, 유대감을 더 강하게 갖게 되는 거죠.**

그러던 어느 날 회장님께서 우리 공장에 오신다고 비서실에서 연락이 왔어요. 그러니까 직원들이 "회장님 오신다는데 청바지 입어도 돼요?" 하면서 걱정하더군요. 그래서 제가 오히려 물었어요. "회장님 오신다고 양복바지 입는 게 더 이상하지 않아요? 평소대로 입읍시다." 그런데 회장님께서 그런 모습을 처음 보신 거예요. 저를 보더니 "권 사장, 청바지 입으니까 젊어 보이고 아주 좋아요" 하면서 정말 좋아하시더라고요. 그러고는 돌아가셔서 청바지 10벌을 선물해주셨어요. 더 적극적으로 입으라고 하시면서 말이죠. 복장 자유화라는 게 사실 별거 아닙니다. 하지만 직원들은 그 별거 아닌 것으로 인해 행복해져요. 그 이후로 저는 어느 회사에 가나 복장 자유화를 권고했습니다.

### '가장 일하고 싶은 직장' 1위에 오르다

그렇게 또 1년쯤 지나니까 직원들이 저를 대하는 태도가 확연히 달라졌어요. 해질녘이면 지금도 가끔 떠오르는 장면이, 파주공장에서 퇴근하려고 사무실을 나서면 축구 하던 직원들이 땀을 뻘뻘 흘리며 달려와서 '지금 퇴근하시냐'고 알은체를 해줘요. 또 그 옆 텃밭에서 쌈채소를 따서 저녁을 먹던 직원들도 같이 먹자고 막 잡아 끌어요. 그렇게 직원들이 스스럼없이 다가와서 같이 밥 먹자 하고, 사진 찍자고 하고, 사인해달라면서 저를 아주 좋아해주었죠. 제 자랑 같지만 그 당시 인기가 아이돌 저리 가라였습니다.

그렇게 진정성을 가지고 직원들을 행복하게 해주기 위해 노력하다 보니 하나하나 결실을 맺기 시작했습니다. 2010년에는 〈포춘코리아〉에서 주관하는 '대한민국 일하기 좋은 100대 기업'에서 제조부문 대상을 받았고, 2011년에는 전 산업을 아우르는 '그레이트 워크플레이스' 종합대상을 받았죠. 그때 참으로 보람되고 행복했습니다. 직원들도 무척 좋아했고요. 직원들의 사기가 하늘을 뚫을 듯이 솟아올랐죠.

# 세계
# 1등을 하다

**"수율 100% 해보겠습니다"**

사기충천한 직원들은 제가 별말 안 해도 '내가 뭘 더 하면, 어떤 일을 더 열심히 하면 우리 회사가 세계 1등을 할 수 있을까?' 고민하고, 그 목표를 위해 해야 될 일을 알아서 하기 시작했습니다. 직원들 스스로 세계 1등을 하고 싶어진 거죠. 당시 노조 위원장도 저만 보면 "사장님, 저희가 뭘 도와드리면 세계 1등이 돼요? 무슨 일을 열심히 하면 우리 회사가 더 좋아집니까?" 하고 물어요. 고마웠죠.

그러던 어느 날 김종식 생산총괄 부사장이 오더니 "사장님,

저희가 수율 100% 해보겠습니다" 그래요. 제가 깜짝 놀라서 되물었어요. "그게 가능합니까? 어떻게 100%를 해요" 그랬더니, "아유, 됩니다. 99.96%를 하면 반올림해서 100% 아닙니까. 저희가 99.96%까지 해보겠습니다" 하는 겁니다. 그렇게 세계 최고 수율에 도전했고, 정말 기적과도 같이 그 일을 해냈어요.

그리고 2011년에 드디어 세계 1등을 합니다. 그때 돌아가신 회장님께서 정말 좋아하셨어요. 만년 적자였던 디스플레이가 세계 1등의 신화를 쓴 거죠. 우리 직원들 모두가 하고 싶다는 마음을 가지고 똘똘 뭉쳐서 이루어낸 성과였어요. 해야 된다는 절박함으로 시작해서 할 수 있다는 자신감을 키우고, 직원들 스스로 하고 싶다는 의지로 세계 1등을 달성한 겁니다. 사실 **직원들이 '하고 싶다'는 수준까지 이르니 제가 할 일이 별로 없더군요. 그저 뭘 도와주면 될지 묻기만 하면 되었죠.**


## 핵심 승부처를 찾다

이런 일련의 과정에서 제가 잘한 게 있다면, 승부처를 정확히 찾아낸 겁니다. 어떤 사업을 성공시키기 위해서는 먼저 사업의 근본적인 경쟁력을 높일 수 있는 전략을 수립해야 해요. 즉 어디서 승부를 볼 것인지 잘 판단해야죠.

그런데 가만히 살펴보니까 디스플레이에서는 '수율'이 핵심 경쟁력이겠더군요. 수율은 전체 생산품 중에서 불량이 아닌 정상 제품의 비율을 말합니다. 수율이 높을수록 생산 효율이 좋고, 원가가 크게 낮아지죠. 불량 없는 완벽한 생산체제를 만드는 것이 흑자 전환의 핵심 승부처였습니다. 당시 우리 고객사들은 최소 3, 4개의 공급업체를 두고 있었어요. 그래야만 적절히 물량을 배분하면서 공급업체들을 컨트롤할 수 있기 때문이죠. 때로는 공급가를 후려치기도 하면서 말이죠.

그러니 우리가 아무리 좋은 제품을 개발하더라도 고객사에서는 다른 업체가 그 기술을 개발할 때까지 기다리라고 해요. "Great! But wait!"라고 합니다. 왜 그럴까요? 우리 회사가 독점 공급을 하게 되면 우리가 '갑'이 되니까 꺼리는 겁니다. 아무리 품질이 뛰어난 제품이라도 가격이 비싸면 사업상 채택하지 않게 됩니다. 결국 단가를 낮추기 위해 다른 업체에서 공급받으려는 것이지요. 업계가 이미 그렇게 굳어져 있어서 바뀌지 않더군요.

그래서 수율에서 승부를 봐야겠다고 판단했어요. 제품력도 물론 중요하지만 그것은 필요조건이지 충분조건이 아니에요. 결국 뭐냐. 경쟁사와의 싸움에서 누가 싸게, 좋은 품질로 만들 수 있느냐 하는 겁니다. 똑같은 생산조건에서 우리는 100개를 찍어내고 경쟁사는 90개를 찍어내면, 우리 품질은 100%이고, 경쟁사는 90%예요. 거기서 승부가 나는 거죠. 그렇게 수율에서 승부처를 찾고, 맥스캐파 민로스 활동, 극한도전 활동, 즐거운 직장 만들기 등을 하면서 세계 최고 수율에 도전했습니다. 그리고 마침내 세계 1등을 할 수 있었죠.

### 사업 성공의 세 가지 비결

얼마 전 강연 준비를 하면서 '경영이란 무엇인지, 사업 성공을 위해 CEO에게 필요한 것은 무엇인지' 정리할 기회가 있었습니다. LG디스플레이를 시작으로 20년 가까이 CEO를 하면서 나름 성공할 수 있었던 것은 다음의 세 가지 덕분이었어요.

첫째는 앞서 말씀드린 것처럼 사업의 핵심을 잘 아는 것입니다. 제대로 된 승부처를 발견하는 책임은 온전히 선장에게 있어요. 예를 들어 마켓컬리의 대표는 '신선한 제품을 고객에게 공급하는 것'에서 승부처를 찾았죠. 생활수준이 높아지면서 고객들이 신선한 채소를 원한다는 것, 신선한 채소는 비싸더라도 팔린다는 승부처를 발견한 거죠. 이게 CEO가 할 일입니다. 그다음에 할 일은 그 일을 해낼 인재들을 발굴·육성하는 것이에요. 마지막으로 그렇게 발굴한 인재들의 마음을 얻어서 그들이 혼신의 힘을 다해 일할 수 있도록 돕는 것이 CEO의 역할이죠. 이 세 가지는 LG디스플레이를 시작으로 이차전지, 통신사, 지주회사 등 어느 산업 분야에서나 사업 성공을 위해 꼭 필요한 조건이었습니다.

# 알맞은 인재를
# 알맞은 자리에 앉히다

## 인사가 만사다

앞서 말씀드린 것처럼 사업 성공을 위해서는 CEO가 핵심을 잘 알고, 그 일을 해낼 인재를 발굴·육성해야 합니다. 그리고 그 인재들을 적재적소에 배치해야죠. '인사가 만사'라고 합니다. 제 경험상 이것만큼 중요한 것이 없어요. 인재를 잘 뽑아서 알맞은 자리에 앉혀놓으면 CEO는 그들이 열심히 하도록 도와주면 돼요. 그런데 엉뚱한 사람을 자리에 앉히면 그 사람이 뭘 하는지 늘 감시하고 간섭하고 지시해야 하죠. "뭘 도와주면 돼?"와 "저 사람 어떡하지?"는 하늘과 땅 차이인 겁니다.

그런데 우리 그룹은 인사에서 좀 보수적인 편이었어요. 웬만하면 하던 사람이 그 일을 계속 하는 경우가 많았고, 새로운 도전을 꺼렸죠. 하지만 저는 생각이 달랐어요. 같은 사람이 같은 일을 계속 하다 보면 그 일은 잘하겠지만 그만큼 고정관념이 생기기도 쉬워요. 그리고 '내가 제일 잘 안다'는 자만으로 한계에 부딪힐 때도 있고 말이죠. **어떤 때는 그 일을 전혀 모르는 사람, 전혀 상관없는 사람이 새로운 시각에서 접근하고 도전해서 혁신할 때도 있는 겁니다.**

저는 인사를 할 때 '내가 그 일을 오래 했다. 내가 이 일을 가장 잘한다'고 오만하게 생각하는 사람들은 철저히 배척했어요. 오히려 그 일을 잘 몰라도 진정성을 가지고 열정적으로 일하는 사람들을 투입시켜서 성공한 경험이 더 많죠. 몇 가지 사례를 들어볼게요.


### '혁신'이 필요한 곳의 인사

제가 LG디스플레이에 있으면서 배운 것은 혁신이 필요한 조직에는 그쪽 분야를 전혀 모르는 사람을 투입하는 게 정답일 수도 있다는 것입니다. 당시 환경안전부서에서 있었던 일이에요. 지금이야 환경안전이 굉장히 중요한 화두지만, 2007년도만 하더라도 어떻게 보면 큰 주목을 받지 못하는 일 정도로 취급받았어요.

이 문제를 어떻게 해결할까 고민하다가 환경안전과 전혀 상관없는 사람을 부서의 장으로 앉히기로 했어요. 김동식 상무였는데, 매우 성실한 분이어서 단도직입적으로 부탁했습니다. 그랬더니 깜짝 놀라면서 "제가 환경안전의 히읗 자도 모르는데 어떻게 환경안전부를 맡습니까?" 하면서 곤란해하더군요. 그래서 "CFO였던 나도 여기 와서 CEO 하는데, 열심히 하면 되지 않겠어요?" 하면서 설득했는데 계속 마다하더군요. 삼고초려 끝에 겨우 설득에 성공했습니다.

아니나 다를까. 예상한 대로 이분이 정말 잘했어요. 자기가 모르는 분야다 보니 더욱 겸손하게 직원들의 이야기도 잘 듣고, 공부도 열심히 하더군요. 한번은 팀장급 인사를 하는데, 담당 임원이나 인사부서가 아닌 해당 팀원들의 의견을 듣더라고요. 사실 자기들 팀장으로 누가 제일 적임자인지는 팀원들이 가장 잘 알아요. 그리고 팀원들 본인이 선택한 팀장이니 더 잘 따르기도 하고 말이죠.

이렇게 하다 보니 조직 분위기가 확 좋아졌어요. 그렇게

1년 반쯤 지나니까 조직평가에서 가장 가고 싶지 않던 부서에서 가장 가고 싶은 부서로 역전되었습니다. 혁신이라는 게 때로는 그 업무를 전혀 모르는 사람이 맡는 것도 방법이라는 것을 그때 실감했어요. 물론 언제나 이 방법이 정답은 아닙니다만, 이런 방법도 필요하다는 걸 알 수 있는 좋은 계기였죠.

### '고정관념'을 타파한 인사

또 하나의 혁신 인사는 공장장 임명이었어요. 8번째 공장에 투자해야 하는 시기가 와서 공장 책임자를 정할 때였어요. 인사 담당자들이 적임자들의 자료를 가지고 와서는 공장장 경험이 가장 많은 분을 추천했죠. 그분하고 인터뷰하는데, 경험이 많다 보니 자신감이 넘치더군요. 제가 물었죠. "당신이 생각하는 목표가 어떻게 됩니까?" 여기서 '목표'는 가장 빠른 시기에 수율 80%를 달성하는 걸 말해요. 그분이 자기 경험상 6개월은 걸린다고 해요. 저는 동의할 수 없었죠. 새 장비에 경험도 많은 분이 공장장을 하는데 6개월이나 걸린다는 게 납득이 안 됐어요. 그런데 이분이 "아휴, 사장님이 잘 몰라서 그러시는 겁니다. 이게 하다 보면 기계가 잔고장도 많이 나고요…" 하면서 이러쿵저러쿵 하더라고요. 일단 알겠다고 하고 다른 후보자를 찾았죠.

그 가운데 정말 하고 싶어 하는데 공장장 경험이 전혀 없어서 어렵다는 사람이 있었어요. 구도회 전무였는데 일단 오라고 했죠. 그런데 이분은 자기가 혼신의 힘을 다해보겠다면서 3개월 내에 수율 80%를 달성하겠다는 겁니다. 공장 운영에서 개선하고 혁신해야 될 게 너무 많다면서 말이죠. 물론 본인이 직접 해보지는 않았지만, 밖에서 보니까 개선사항들이 많이 보인다는 거예요. 가만히 그분이 지적한 문제점들을 들어보니 제가 평소에 생각했던 것과 비슷했어요. 이분이 공장 일에 관심이 많다 보니 평소에도 유심히 지켜보면서 문제점들을 파악한 거죠. 사람이 일에 익숙해지거나 자만에 빠지면 자신의 문제를 제대로 못 볼 수가 있어요. 그럴 때는 밖에서 보는 사람들이 오히려 더 잘 보기도 합니다.

그런데 그분을 임명하려고 했더니, 공장장 경험이 하나도 없는데 어떻게 일하냐면서 반대하더군요. 그래서 제가 그랬죠. "CEO 경험이 하나도 없는 나도 와서 잘하지 않습니까. 뭐가 걱정이에요. 그분이 하고 싶다는 열정이 가득하고, 여러 가지 문제점들을 잘 알고 있으니 오히려 더 잘할 수 있습니다."

결국 강하게 밀어붙여서 8번째 공장장으로 임명했습니다. 그랬더니 정말 혁신이 일어나고, 3개월 내에 하겠다는 목표도 달성했어요. 새로운 역사를 쓴 거죠.

그러니까 기존의 공장장들도 자신을 되돌아보게 되더군요. '내가 잘하고 있는 줄 알았더니 그게 아니었구나. 공장장 경험이 하나도 없는 친구가 와서 역사를 새로 쓰는구나.' 그때부터 겸손해지는 거죠. 그전에는 "아, 내가 한 20년 했어요" 이러면서 으스대던 사람들이 깨달은 거죠. '햇수가 중요한 게 아니라 어떻게 했느냐가 중요한 거구나.' 이런 일련의 경험을 하면서 성공의 비결이 인사에 있다는 것을 여실히 느꼈습니다.

혁신 인사에 대한 또 한 가지는 사업부장 인사와 관련된 일이에요. 당시 우리 회사에는 세 사업부가 있었어요. TV 패널을 만드는 사업부, PC 모니터 패널을 만드는 IT 사업부, 휴대폰 액정을 만드는 소형 사업부였죠. 그런데 사업부 간에 협조가 안 되는 겁니다. 사람을 옮기려고 해도 딱히 그런 상황도 아니면서 "지금 이 직원이 중요한 일을 해서 안 됩니다" 하면서 반대하고, 서로간의 장벽이 너무 높았죠.

그래서 제가 사업부장을 한 바퀴 돌렸어요. TV 사업부장을 소형으로, 소형 사업부장을 IT로, IT 사업부장을 TV 사업부로 인사 조치한 거죠. 그러니까 인사부가 발칵 뒤집혔어요. 한꺼번에 세 사람을 다 바꾸면 엄청난 혼란이 온다면서요. 그래서 제가 말했죠. "두고 봅시다. 다 돼요. 직원들은 그대로 있는데 뭐가 걱정입니까." 그렇게 몇 개월 지나니까 회사 전체 팀워크가 정말 좋아졌어요. 그러고 나서 세 사업부장들에게 말했죠.

"언제든지 다시 바꿀 수 있습니다. 이 자리가 영원하다고 생각하지 마세요."

### '비전'을 제시하는 인사

LG유플러스에 부임했을 때예요. 계열사 가운데 콜센터가 있었는데, 그 자리가 주로 임기를 마무리하는 분들이 거쳐 가는 자리로 인식되어 있었습니다. 저는 그 점을 바꿔야 한다고 생각했습니다. 법인의 대표라면 당연히 그 일을 가장 잘하는 사람이 맡아야 하는 것 아닙니까.

그러면 누가 그 법인의 대표가 되어야 할까요? 당연히 그 일을 가장 잘하는 사람을 시키는 거죠. 그래서 제가 그 일을 가장 잘하는 사람을 대표에 앉히라니까 고졸이라서 안 된다고 해요. 그게 말이 됩니까? 일을 잘한다는데 고졸이든 대졸이든 무슨 상관이에요. 결국에는 고등학교 졸업하고 바닥부터 시작해서 수십 년간 일한 이은정 책임이 대표가 됐어요. 그랬더니 몇천 명이나 되는 직원들의 눈빛이 달라지더군요. 목표가 생긴 거죠. '나도 열심히 하면 대표가 될 수 있어' 하는 비전이 생긴 겁니다. 물론 그 가능성은 아주 희박해요. 그러나 0.1%든 0.01%든 가능성이 있다는 것과 '아무리 열심히 해도 절대 할 수 없어'라는 것은 완전히 다릅니다. 세계 1등은 꿈도 못 꾸던 시절에 박세리 선수가 우승하면서 한국의 다른 골퍼들도 '나도 할 수 있다'는 희망과 용기와 자신감을 얻게 된 것과 같죠. 이은정 대표는 지금도 자신의 일을 아주 잘 수행하고 있습니다.

### 끊임없이 사람에 대해 연구하다

CEO는 누군가를 어떤 자리에 앉힐 때 여러 가지를 고려합니다. 위기 상황에서는 그 일을 가장 잘 아는 사람을 앉혀야 하고, 혁신이 필요한 자리에는 환경안전부서장과 같이 그 일과 전혀 상관없는 사람을 앉힐 수도 있어요. 또 어떤 때는 8번째 공장장처럼 그 일을 정말 하고 싶은 사람을 앉히는 경우도 있고 말입니다. 때문에 리더는 끊임없이 사람에 대해 연구해야 해요. '이 사람이 과연 내가 얘기하는 것을 할 수 있는 사람인가? 실력 있다고 괜히 거들먹거리기나 하는 사람은 아닌가?' 그러고는 실력 있다고 거들먹거리는 사람은 제쳐놓고, 정말 그 일을 할 수 있는 사람, 하고 싶어 하는 사람을 골라내서 적재적소에 배치하는 거죠.

물론 저도 인사와 관련하여 실패한 경험이 있습니다. 하지만 성공 경험이 더 많아요. 그 비결이 뭘까 돌이켜보면, 우선 사람에 대한 관심입니다. 저는 공항 라운지에 앉아 있으면 옆자리에 앉은 사람들에 대해 혼자 생각해요. '가족 같은데 어디로 여행 갈까? 어느 나라 사람일까?' 이리저리 생각하다가 어느 때는 직접 가서 물어보기도 하죠.

한번은 일행하고 식당에 갔는데, 맞은편 테이블에 앉아서 이야기 나누는 사람들이 눈에 띄더라고요. 대화 내용은 잘 안 들리는데, 밝은 표정이며 눈짓, 제스처 등이 참 보기 좋았어요. 가만히 보니까 한 사람은 아시아인이기는 한데 우리나라 사람은 아닌 것 같고, 왠지 금융 쪽에서 일하는 사람들 같았죠. 제가 하도 궁금해하니까 일행 중 한 분이 가서 자기소개를 하고는 연락처를 받아 왔어요. 보니까 마켓리서치 쪽 외국계 회사에서 근무하는 사람들이더군요. 나중에 따로 연락해서 봤는데, 그 인연을 계기로 회사 차원의 도움을 많이 받았던 기억이 있습니다.

또 하나는 여러 회사에서 다양한 사람들을 만난 경험입니다. 한 회사에만 있다 보면 사람 보는 눈이 굉장히 제한적일 수밖에 없어요. 맨날 보는 얼굴만 보니까 그럴 수밖에 없죠. 그런데 저는 LG전자로 시작해서 디스플레이, 화학, 유플러스, 지주회사, 에너지솔루션 등 여러 회사를 경험했잖아요. 그러다 보니 새로운 사람을 많이 만날 수 있었고, 더욱이 산업 분야가 다양하다 보니 과학자, 엔지니어 등 다양한 부류의 사람들을 만났죠. 이런 경험이 자연스레 사람 보는 능력을 키운 듯해요. 어쩌면 이것이 제가 일을 잘할 수 있었던 이유 중 하나가 아닐까 생각해봅니다.

# 경영이란 사람의 마음을 얻는 것이다

### 소통이 마음을 얻는 시작이다

예전에 명의로 소문난 한의사가 있었어요. 워낙 치료를 잘해서 진료를 받으려면 보통 1년은 기다려야 할 정도였죠. 하루는 어떤 사람이 어떻게 그렇게 치료를 잘할까 궁금해서 찾아갔답니다. 그런데 이 한의사가 다른 의사들과는 좀 다르더래요. 진료실에 환자가 들어오면 어디가 아파서 왔는지 묻는 게 아니라, 어떻게 오게 됐는지부터 묻더라는 겁니다. 스스로 오고 싶어서 왔는지, 오기 싫었는데 억지로 끌려서 왔는지, 아무 생각 없이 온 건지 살피더라는 거죠. 그다음에 억지로 끌려오거나 아무 생각 없이 온 환자들, 즉 한의사에 대한 믿음이 없는 환자들은 치료를 안 했다는군요. 왜냐. 의사를 믿지 못하는 환자한테는 아무리 좋은 약을 쓰고, 침을 놔도 효과가 없기 때문이었대요. 말 그대로 백약이 무효인 거죠. 그래서 이 한의사는 환자의 마음을 얻을 때까지, 곧 자신을 신뢰할 때까지 기다린 다음에 치료를 시작했다고 해요.

**경영도 마찬가지입니다. 어떤 일을 할 때 리더에 대한 믿음이 없으면 성공하기 힘들어요. 직원들의 마음을 얻는 것이 먼저입니다.** 그럼 어떻게 마음을 얻을 것이냐. 소통해야죠. 제가 처음 LG디스플레이에 갔을 때 아무리 좋은 뜻으로 말해도 직원들이 저를 신뢰하지 않으니까 오해하고, 반발했잖아요. 저는 저대로 실망하고 말이죠. 이런 일들을 겪으면서 소통의 중요성을 절실히 느꼈어요. 그때부터 전 직원들이 읽을 수 있는 〈CEO 노트〉를 쓰기 시작했습니다.

현재 회사가 어떤 상황인지, 권영수라는 CEO는 뭘 고민하는지 등 직원들이 궁금해할 만한 사항들을 썼죠. 어떤 이슈가 생기거나 제 생각을 전하고 싶을 때마다 적었는데, 보통 일주일에 한 번은 내보냈던 것 같아요. 그만큼 직원들한테 하고 싶은 이야기가 많았습니다. 덕분에 직원들도 쓸데없는 오해를 하지 않고 회사의 전반적인 상황이나 제 생각을 이해할 수 있었고 말이에요.

그런데 이게 한 방향 소통이라는 게 안타까웠어요. 제가 하고 싶은 말은 전할 수 있는데 정작 직원들이 저한테 하고 싶은 말은 들을 기회가 별로 없었죠. 보통 인사부서에서 창구 역할을 하는데, 제 눈치를 보느라고 아예 전달을 않거나 가감해서 전하는 거죠. 현장의 목소리가 100이라면, 여러 단계를 거치면서 희석되어 정작 저는 20만 듣게 되는 거예요. 회사의 가장 중요한 고객은 직원인데, 그들이 어떤 고민을 하는지 뭘 궁금해하는지 생생한 소리를 들을 수가 없었어요.

그래서 제가 생각해낸 게 노동조합입니다. 노조라는 곳이 직원들의 애로사항이나 여러 생각들을 가감 없이 전하는 아주 중요한 단체잖아요. 그때부터 정기적으로 노조 집행부를 만나서 직원들의 목소리를 전해 듣고 그 자리에서 바로바로 결정을 내려줬죠. 이것은 된다, 안 된다. 안 되는 것은 왜 안 되는지 정확하게 설명해주고 말입니다. 이런 과정들을 거치면서 저와 직원들의 거리가 점차 줄어들고 '우리'라는 느낌이 들더군요. 그러다 보니 앞에서 말한 것처럼 직원들이 '내가 어떻게 하면, 어떤 노력을 더 하면 좋은 회사가 될까' 고민하기에 이른 거죠.

대개 CEO들은 노조에 대해 부정적이에요. 그런데 저는 CEO가 어떻게 하느냐에 따라 노조도 달라진다고 생각합니다. 노조를 자신을 괴롭히는 존재 정도로 대하면 그들도 삐딱하게 나오고, 노조와 진정으로 소통하면 그들 또한 직원들의 진짜 목소리를 대변하게 되는 거죠.

**저는 임원을 평가할 때 직원들의 마음을 얼마나 얻고 있는지 꼭 살핍니다.** 그 방법으로 해외공장에 가면 법인장과 함께 직원식당에 가요. 그러고는 오가는 직원 중에 몇 퍼센트가 그 임원한테 인사하나 보죠. 한번은 어느 해외법인에 갔는데, 해당 법인장이 아주 열심히 하고 있다면서 자신만만해하더군요. 그래서 함께 식당으로 갔습니다. 그런데 20% 정도만 법인장에게 인사하고, 나머지 직원들은 슥 한번 쳐다보고는 그냥 가버리더군요. 제가 한마디했습니다. "느낌이 와요? 당신이 정말 잘하고 있다면 직원들이 이렇게 할까요?"

인사는 마음을 전하는 기본이에요. 그런데 이조차 안 된다면 다른 건 어떨까요? 다행히 이 법인장이 실행으로 옮기는 속도가 굉장히 빠른 분이었어요. 바로 다음 날부터 아침에 출근하는 직원들한테 인사하는 것부터 시작해서 직원들의 마음을 얻기 위해 노력했습니다. 그랬더니 직원들도 차츰 바뀌더랍니다.

### 이청득심, 귀 기울여 들으면 마음을 얻을 수 있다

옛날에 어느 거만한 사람이 살았는데, 어느 날 난청이 생겨 하는 수 없이 다른 사람의 말을 귀담아 들을 수밖에 없었답니다. 그런데 경청을 하다 보니 사람들이 '내 말을 주의 깊게 들어주는구나', '나를 알아주는구나' 하며 변하기 시작하더래요. 시간이 좀 더 흘러 귀가 더 안 들리게 되어 이제는 눈을 맞출 수밖에 없었고, 더욱 경청하게 되었다죠. 그러다 보니 많은 사람의 마음을 얻어 엄청난 성공을 거두었다고 해요. 귀 기울여 들으면 사람의 마음을 얻을 수 있다는 '이청득심以聽得心'에 관한 이야기입니다.

조선 최고의 성군인 **세종대왕도 아침에 일어나면 맑은 정신으로 경청하는 게 가장 중요한 일이었다고 해요.** 그리고 좋은 의견이 나오면 바로 칭찬하고 적용하여 신하들의 기를 살려주었다죠. 그렇게 하다 보니 신하들의 마음도 움직이기 시작하더래요. "내가 간절히 말씀드리면 주군께서 들어주신다"라고 믿으니, 적극적으로 자기 생각을 말하고 진정으로 소통한 거죠. 그렇게 마음을 열고 소통하며 태평성대를 이루어나갔답니다.

이렇듯 '경청'은 사람의 마음을 얻을 수 있는 으뜸 열쇠예요.

리더의 역할 중 가장 중요한 일 또한 경청입니다. 경청이란 단순히 사람의 말을 잘 듣는다는 것을 넘어 그 사람의 눈빛, 표정, 몸짓까지 온몸으로 집중해서 듣는 것입니다. 그래야 상대방의 마음을 제대로 이해하고 공감할 수 있기 때문이죠.

일례로 'Yes'에는 세 가지 뜻이 있답니다. 'I agree', 'I understand', 'Shut up'이죠. 부모가 자녀에게 공부하라고 하면 아이는 세 가지 뜻으로 "예"라고 말한답니다. 첫 번째는 '공부하겠습니다'라는 동의의 뜻이고, 두 번째는 '공부하라는 말씀은 알겠으나 공부할지는 제가 결정하겠습니다'라는 뜻이고, 세 번째는 '더 이상 공부하라는 말씀은 마세요'라는 뜻이랍니다. 그러니 집중해서 귀 기울여 들어야 그 마음을 이해하고 참뜻을 알 수 있는 것이죠.

리더 본인이 열심히만 하면 잘하는 것으로 평가받던 때가 있었어요. 상대적으로 직원들의 능력이 떨어졌기 때문이죠. 하지단 지금은 젊은 직원들의 능력이 훨씬 뛰어납니다. 따라서 리더의 역할도 바뀌어야 해요. 직원이 100명 있다고 하면, 리더 한 명이 할 수 있는 일이 얼마나 되겠어요. 오히려 100명이 열심히 일하도록 돕는 게 더욱 효과적이겠죠.

사원일 때는 후배가 없으니 본인이 열정을 가지고 일하면 됩니다. 그러다 팀장이 되면 본인이 열심히 하는 것 50%, 팀원들이 열심히 일할 수 있게 돕는 것 50%예요. 그리고 임원이 되면 본인은 20% 열심히 일하고, 80%는 부하직원들이 열심히 일할 수 있게 돕는 거죠. 그런데 여전히 본인이 열심히 하는 것만으로 잘하고 있다고 착각하는 리더들이 있어요. 그건 당연히 열심히 하는 겁니다. 더 중요한 것은 직원들이 혼신의 힘을 다해 열심히 일할 수 있게 그들의 마음을 얻는 거죠. 그러면 직원들의 마음을 얻으려면 어떻게 해야 할까요? 그 핵심이 바로 '경청'입니다.

종종 이런 질문을 받습니다. 산업 분야가 모두 다른 회사에서 어떻게 성공할 수 있었느냐고요. 한 단어로 꼽자면 '진정성'이었다고 말하고 싶어요. '이 회사를 반드시 좋은 회사로 만들고 말겠다는 진심', 즉 진정성이 있어야 고객의 이야기를 경청할 수 있습니다. 최고의 고객인 직원들의 이야기를 잘 듣는 것은 물론이고 말이죠.

**진정성이 있으면 경청의 깊이도 달라집니다. 진정성이 크면 클수록 경청의 깊이도 깊어지는 것이죠.** 진정성이 크지 않으면 듣기는 듣는데 한 귀로 듣고 한 귀로 흘릴 수도 있고, 반만 듣고 반만 흘릴 수도 있습니다. 그러나 기도하는 마음으로 정말 좋은 회사를 만들고 싶은 마음이 꽉 차 있는 사람은 작은 소리 하나도 놓치지 않고 모든 걸 세심하게 듣습니다. 뒤에서 다시 이야기하겠지만, 우리가 3D TV에서 경쟁사를 앞설 수 있었던 것도 엔지니어들의 소리에 귀 기울인 덕분입니다. 직원들이 자신의 생각을 솔직하게 말하고 대체 방안을 강구해준 덕분에 승부처를 찾을 수 있었죠. '수율이 핵심'이라는 승부처도 결국 직원들의 이야기를 잘 들어서 찾을 수 있었던 겁니다. 이렇듯 진정성의 깊이와 경청의 깊이는 정비례합니다.

애플의 창업자 스티브 잡스가 회사를 너무 독단적으로 운영하는 바람에 본인 회사에서 쫓겨난 적이 있어요. 이사회에서 "당신이 CEO를 하면 회사가 망한다"고 쫓아낸 겁니다. 물론 잡스는 엄청나게 화가 났겠죠. 하지만 막상 밖에 나와서 일을 하다 보니 본인을 되돌아보게 되었고, 자기 잘못을 알게 되었다고 해요. 그리고 다시 애플로 되돌아올 때 그의 일성은 "이제부터 나는 CLO<sup>Chief Listening Officer</sup>가 되겠다"였어요. 그렇게 되돌아온 잡스는 진짜로 남의 이야기를 잘 들으며 회사를 잘 운영했죠.

안타깝게도 제가 LG디스플레이 CEO로 갔을 때 잡스는 이미 병중이어서 직접 만나지는 못했어요. 당시 COO<sup>Chief Oper-</sup>

ating Officer이던 팀 쿡이 일을 맡아 하고 있었죠. 뒤를 이어받은 팀 쿡은 잡스가 경청하면서 회사 운영을 잘하는 모습을 지켜보며 자신도 그렇게 해야겠다고 다짐한 듯해요. 애플은 우리 회사의 주요 고객이었기 때문에 팀 쿡을 자주 만났는데, 이분의 최대 장점은 남의 이야기를 정말 잘 듣는 겁니다. 물론 일을 열심히 한 것은 말할 것도 없고 말이죠. 애플과 미팅할 때면 우리 쪽에서는 실무자를 포함해 7, 8명이 같이 가는데, 회의하다 보면 실무자들이 이야기할 때가 있어요. 그런데 제가 듣기에도 별로 중요한 이야기가 아닌데 왜 저렇게 하나 싶어 말을 끊고 싶을 때가 있죠. 하지만 팀 쿡은 끝까지 다 들어요. 실무자면 한참 후배인데도 절대 남의 말을 중간에 자르지 않습니다.

처음에 팀 쿡이 CEO가 될 때 과연 잘할지 우려의 목소리가 많던 것도 사실이에요. 하지만 15년 넘게 애플을 잘 운영하고 있죠. 오히려 해를 거듭할수록 더 잘합니다. 그 이유는 뭘까요? 제 생각에 이분은 능력도 있을 뿐더러 남의 이야기를 정말 잘 듣습니다. 이렇게 경청은 무한한 힘을 갖고 있습니다.

여담이지만, 제가 살면서 경청의 힘을 크게 느낀 적이 있어요. 당시 임원들과 중국공장을 뻔질나게 드나들 때였죠. 그날도 남경공장에 갔다가 돌아오는 길이었는데, 어느 상무가 오더니 긴히 할 말이 있다면서 옆자리에 앉아도 되겠냐고 물어요. 보통 비행기를 타면 저도 쉬어야 하고, 임원들도 옆에 앉기를 꺼리기 때문에 제 옆자리는 대부분 비어요. 제가 피곤해서 급한 일 아니면 내려서 얘기하자고 했더니, 꼭 지금 말해야 된다는 겁니다. 무슨 일인가 싶어서 앉으라고 했죠. 그랬더니 대뜸 마음에 드는 사람이 생겼는데, 어떻게 하면 결혼할 수 있느냐고 물어요. 회사에 무슨 급한 일이라도 생겼나 걱정하고 있었는데 황당했죠. 그래도 이야기를 다 들었습니다. 말인즉슨, 이분이 혼자 사는데 키도 작고 외모도 그다지 훌륭한 편은 아니에요. 장가를 가고 싶어서 선을 여러 번 봤는데, 잘 안 됐대요. 그런데 이번에 선 볼 분이 너무 마음에 든다는 겁니다. 자기의 이상형이라면서 꼭 배우자로 맞이하고 싶다는 거죠.

제가 멍하니 듣고 있다가 딱 생각나는 말이 '경청하라'였어요. 그래서 그분을 만나면 다 필요 없고 진정성을 가지고 그분이 하는 이야기에 몰입해서 들어라. 상대방이 하는 이야기에 토 달지 말고 추임새 정도만 넣으라고 했죠.

그 상무가 선 보러 가서는 진짜로 듣기만 했답니다. 그랬더니 상대방 여성이 감동하더래요. 자기 평생 남자 앞에서 하고 싶은 이야기를 다한 게 처음이라면서 말이죠. 그러면서 하는 말이 자기가 재력 있는 남자, 잘생긴 남자 다 만나봤지만, 다 필요 없고 자기 이야기를 잘 들어주는 이 남자랑 평생 같이 살아야겠다고 결심했답니다. 동화 같은 이야기지만 그렇게 결혼해서 지금도 잘 살고 있습니다.

# 결정은 단호하게,
# 실행은 강하게

**"3D TV로 한판 붙다"**

우리가 경쟁사와 한판 세게 붙은 적이 있어요. "3D TV로 한판 붙다"는 당시 신문기사 제목이에요. 3D 영화 〈아바타〉가 대히트를 치면서 전 세계적으로 TV 시장에서도 3D가 화두였어요. 모든 TV 업체들이 3D TV를 만들려고 혈안이었죠. 신기술은 경쟁사가 돈이 많으니까 자꾸 앞서 가요. 그게 그 회사의 강점이죠. 아니나 다를까. 3D TV의 기술 오리지널이 있는데, 그 기술도 경쟁사가 먼저 치고 나갑니다. 우린 후발 주자였죠. 그러니까 시장 전체가 요동쳤습니다. 3D 시대가 오고 있는데 뭐하고 있냐는 겁니다. 우리도 하고는 있었는데 좀 늦었죠. 경쟁사를 연구해보니까 제품에 심각한 문제가 있었어요. 바로 3D 안경이에요. 안경이 너무 비싸고, 무거워서 쓰기 불편하고, 선명하게 보이기는 하는데 눈의 피로도가 굉장히 높았어요.

엔지니어들이 다른 길을 제안했습니다. "사장님, 사실 안경이 값이 싸고, 가볍고, 눈의 피로도도 적은 기술이 있습니다. 다만 3D의 선명도가 조금 떨어집니다." 말을 들어보니 충분히 승산이 있겠더군요. 선명도라는 단점을 충분히 커버할 만큼 장점들이 많고, 만약에 선명도에서 큰 차이가 없다면 고객들은 이걸 선호할지도 모르겠다고 판단해서 강하게 밀어붙였어요.

그랬더니 갑론을박이 엄청났어요. A그룹은 그래도 경쟁사가 하는 오리지널 기술로 만들어야 한다고 하고, B그룹은 우리만의 새로운 방식으로 만들어야 한다면서 붙은 거예요. 당시 최고기술책임자(Chief Technoly Officer, CTO)가 공정하게 판단해야 하는데, 우리 방식에 엄청나게 태클을 걸었죠. 도저히 안 되겠어서 왜 자꾸 기를 죽이냐고 한마디했더니 "아, 사장님 이거요, 이건 기술도 아닙니다" 이러는 겁니다. 그래서 저도

"기술인지 아닌지는 고객이 판단하는 겁니다. 기술이 조금 떨어진다고 고객이 안 산다는 법이 어디 있어요. 기술은 조금 떨어져도 저렴하고, 쓰기 편하고, 눈도 편안하잖아요. 그런 장점이 있으면 해볼 만한 거 아니에요?" 그랬는데도 끝까지 반대하더군요. 그래도 우리 방식을 채택하기로 방향을 정했습니다.

그러다 보니 어떤 기술로 만들지 하는 문제가 그룹 전체의 이슈로 떠올랐습니다. 특히 LG전자에서 경쟁사 방식으로 만들어야 한다고 강하게 주장했죠. 이게 2, 3등 하는 사람들의 심리예요. 1등을 따라가려고 하거든요. 그렇게 해서는 그들을 뛰어넘을 수 없는데도 바꾸지 않습니다. 그래서 제가 회장님께 도움을 청했어요. 직접 오셔서 공정하게 봐달라고 말이죠. 다행히 회장님께서 파주공장에 오셔서 직접 보시고는 "어, 우리 방식이 괜찮아 보여요" 하시며 우리 손을 들어주셨어요. 사실 그전에 블라인드 테스트를 해본 결과, 반반이었어요. 그러면 해볼 만하잖아요. 우리 제품이 훨씬 싸니까 경쟁력이 있죠. 거기서 자신감을 얻고 확 밀어붙였던 겁니다. 다행히 중국 TV 업체들이 대부분 우리 제품을 선택했어요. 중국은 굉장히 실용적인 나라예요. 겉모양보다는 실질적 효용과 가성비를 추구하죠. 그렇게 시장이 우리 쪽으로 확 넘어왔고, 대승을 거뒀습니다. 그런데 경쟁사가 대단한 게 우리 기술로 승기를 잡으니까 아예 판을 바꾸어버리더군요. 3D TV를 포기하고, 스마트 TV로 확 돌아선 거죠. 그러다 보니 전 세계적으로 3D TV 시장 자체가 김이 확 빠져버렸죠.

## 정면으로 승부를 보다

3D TV처럼 경쟁사와 다른 길로 가서 승부를 볼 때도 있지만, 길이 하나밖에 없을 때도 있어요. 그럴 때는 어떻게 해야 할까요? 경쟁사보다 좋은 제품을 만드는 수밖에 없죠. LED를 만들 때가 딱 그런 상황이었습니다.

LED라는 건 광원이에요. 제가 처음 부임했을 때 LCD 광원은 램프였어요. 그런데 점차 램프를 대체해서 LED를 광원으로 하는 LCD를 만들어야 할 때가 온 겁니다. 물론 이 기술도 경쟁사가 앞서가고 있었어요. 그런데 LED는 다른 길로 돌아갈 곳이 없더군요. 무조건 LED를 써야 했죠. 어떻게 할까 연구해보니 LED의 핵심은 칩이더군요. LED 칩을 어떤 걸 쓰느냐에 따라서 화질이 확연히 차이가 나는 겁니다. 그때부터 LED 칩을 잘 만드는 회사를 찾았어요. 그랬더니 일본의 니치아 화학공업이라는 회사가 LED 칩을 가장 잘 만들더라고요. 곧바로 우리 CTO를 보내서 미팅을 요청했는데, 안 만나준다는 겁니다. 세 번쯤 요청하다가 결국 되돌아올 수밖에 없었어요. 당시 일본의 한 회사가 우리와 경쟁 중이었기 때문에 아마도 한국 업체에 팔기가 곤란할 수도 있겠다 싶었죠. 그럼 이대로 포기할까요? 아니죠. 이럴 때는 밑져야 본전이니까 일단 해봐요. 안 해보고 포기하는 건 좀 그렇잖아요. CTO가 했는데 안 되었으니 CEO인 내가 해보자 싶었습니다.

제가 정중하게 만나자고 하니 딱 10분을 만나주더군요. 그런데 이 회장님이 아무 소리도 안 해요. 마지막에 '알겠다'고 한마디 하는 게 끝이에요. '안 되는 모양이다' 싶었죠. 그러고는 다시 고민했어요. '어떻게 할까? 포기할까? 아냐, 우리가 LED·LCD에서 이길 수 있는 방법은 좋은 LED 칩을 쓰는 것밖에 없어. 또 해보자.' 그래서 다시 미팅을 했어요. 그때는 자존심이고 뭐고 없는 겁니다. 그랬더니 제 진정성이 좀 보였는지 30분 정도 만나주더군요. 그러고는 또 끝이에요.

'그래, 삼세번이다. 열 번 찍어 안 넘어오는 나무 없다는데 열 번은 못 하겠고, 세 번만 하자' 결심했죠. 그러고는 도쿄에서 자동차로 4시간쯤 달려서 회장님이 계시는 본사로 직접 찾아갔어요. 그랬더니 이분 눈빛이 달라지더군요. '저 사람이 진심이구나' 싶으면서 마음의 문을 조금 열어주셨습니다. 됐다 싶었죠. 계속 그렇게 찾아갔더니 드디어 마음의 문을 확 열어주셨어요. 결론적으로 우리는 그 회사로부터 LED 칩을 공급받으면서 합리적인 가격에 화질 좋은 제품을 만들 수 있었고, 승기를 잡을 수 있었습니다.

# 리더가 갖추어야 할
# 네 가지 역량

사람들이 제게 묻습니다. 어떻게 모두 다른 산업에서 성과를 낼 수 있었냐고. 그 당시 저를 되돌아보면, 리더에게는 다음의 네 가지 덕목이 필요해 보입니다.

**첫째, 인재를 알아보는 안목입니다.** 지금 필요한 사람이 누구인지 분별할 수 있는 눈이 있어야 해요. 말만 번지르르한 사람에게 휘둘리면 큰 어려움에 직면하게 됩니다.

**둘째, 경청하는 능력입니다.** 앞에서 계속 강조했듯이 경청하지 않으면 기껏 찾아낸 인재가 아무런 소용이 없어지죠.

**셋째, 결단력입니다.** 아무리 훌륭한 인재의 말을 경청했더라도 리더가 결단을 내리지 못하면 아무것도 진행이 안 돼요. 성격상 결정을 못 하는 사람들이 있죠. 노력하면 어느 정도 키워지지만 이 부분은 타고난 기질이 중요한 듯합니다.

**넷째, 실행력입니다.** 결단을 내렸으면 좌고우면하지 말고 단호하게 그 길로 가야 해요. 가지 않은 길에 미련을 두어서는 안 됩니다.

제가 경험해보니 이 네 가지가 잘 어우러지면 아무리 어려운 상황, 어려운 경쟁자를 만난다 하더라도 해볼 만합니다. 반대로 네 가지 중에 하나라도 틀어지면 곤란해지죠. 사람 보는 안목이 없어서 자질 없는 사람의 얘기를 들으면 안 듣느니만 못 합니다. 또 훌륭한 인재를 찾았는데 제대로 경청을 안 해도 끝이죠. 또 경청은 했는데 겁이 나서 결정을 못 하면 더 이상 나아갈 수 없게 됩니다. 마지막으로, 결정했으면서도 혹시나 하고 이리저리 자꾸 다른 곳을 쳐다봐도 성공하기 힘들어요. 결정했으면 단호하게 가야 합니다.

5장

# 간절히 원하면 꿈은 이루어진다

# 본부장으로 격하,
# 그만두라는 뜻인가?

2011년 12월 눈이 펑펑 내리던 어느 날이었어요. 회장님께서 저를 부르시더니 "권 사장, 배터리 사업이 아주 중요한데, 지금 상황이 매우 어려우니 전지 사업본부로 가주면 좋겠어요" 하시는 겁니다. 그야말로 마른하늘에 날벼락이었죠. LG디스플레이 CEO로 있으면서 세계 1등도 하고, 경쟁사에서는 '권영수를 만나면 피해라' 하는 말이 돌 정도였는데…, 어떻게 본부장으로 가라고 하실 수 있는지, 그만두라는 말씀을 돌려서 하시나 싶었죠. 너무 충격을 받아서 하겠다는 말은 안 하고 시간을 좀 주십사 말씀드리고 나왔습니다.

그러고는 여러 사람들과 상의했는데, 대부분의 의견이 받아들이라는 것이었어요. 다 그만두고 싶을 만큼 억울했지만, 다들 받아들이라고 하니 일단 수용하기로 했습니다. 앞에서 말한 것처럼 '억울함은 미래를 위한 저축'이니까 일단 참아보고, 그래도 아니면 그때 가서 그만두자 마음먹었죠. 그리고 가만히 저를 들여다보니 그동안 제 능력보다 제가 더 잘된 것 같았어요. **어쩌면 저 자신이 과도한 성공에 도취되었던 건 아닌가 하는 생각도 들었습니다. 이제는 이보전진을 위한 일보후퇴를 해야 할 때라고 판단했습니다.**

그렇게 잠적한 지 사흘 만에 회장님을 찾아뵈었어요. 문을 열고 딱 들어서니까 회장님이 여러 말씀들을 하시더라고요. 그 말씀들을 다 듣고 저도 열심히 잘하겠다고 말씀드렸죠. 그랬더니 회장님께서 너무 좋아하시는 거예요. 대낮이었는데 함께 나가서 소주 한잔 했습니다.

# 함흥차사
# 전지 사업본부장

### 가면 돌아오지 못하던 전지 사업본부

우리 회장님께서 배터리 사업에 대한 애정이 남다르셨어요. 들은 이야기인데, 회장님 본인이 배터리 기술의 중요성을 인지하고 1990년대에 직접 배터리 기술 도입을 주도하셨다고 해요. 그런데 제가 본부장으로 갈 당시 배터리 사업이 잘되고 있지는 않았습니다.

배터리라는 게 아주 민감한 물질이다 보니 화재사고가 많이 났어요. 배터리 만드는 공장에서도 불이 나고, 판매한 제품에서도 불이 나고, 한번 불이 났다 하면 대형사고로 이어지기도 했죠. 게다가 품질도 안 좋아서 리콜을 당하는 일도 비일비재했고 말입니다. 물론 지금은 이런 경험들을 통해 품질이 많이 좋아졌지만 당시에는 그랬습니다. 그러다 보니 제 전임자들이 불명예제대를 많이 했더라고요. 책임을 지고 스스로 직을 내려놓은 거죠. 나중에 전지 사업본부에 가서 알게 된 사실인데, 이 사업본부장 자리가 가면 못 돌아오는 함흥차사 직이었더란 말입니다.

## 기 싸움이 시작되다

그래도 이왕 왔으니 정신 차리고 열심히 해보자 마음먹었습니다. 그런데 일을 시작하려고 보니 역시나, 제가 배터리에 대해 아는 게 하나도 없더군요. 게다가 임원들도 저를 한심한 눈으로 쳐다보는 것 같고 말이죠. 왜 그랬느냐.

    우리나라 산업을 이끈 대표적인 분야가 전자와 화학이에요. 그 당시 전자는 삼성전자가 잘했기 때문에 전자 쪽의 우수한 인재들은 삼성전자로 많이 갔고, 화학은 LG의 위세가 가장 막강했습니다. LG그룹이 럭키화학부터 시작했거든요. 그러다 보니 대한민국의 우수한 화학 인재들이 회사에 많이 와 있었어요. 박사들도 수두룩했고 말이죠. 그만큼 프라이드가 강했던 겁니다.

그런 임원들이 보기에 저는 전자에서 온 사람이고, CEO를 했다지만 엔지니어도 아니고, 화학을 알지도 못하니까 자기들 수장으로 받아들이기가 싫었던 거죠. 그들의 거부감은 첫 인사를 나누는 자리에서부터 온몸으로 느껴졌어요.

강당에 임원들 40~50명이 모여 있는데, 눈초리가 '당신 왜 왔느냐'예요. 디스플레이 때와는 또 달라요. 그때는 제가 구조조정하러 온 줄 알고 불안하고 기피하는 눈초리였다면, 여기는 '당신이 와서 뭘 하겠냐'는 깔보는 듯한 눈초리인 겁니다. 이런 상황은 상상도 못 했어요. 당시만 하더라도 제가 굉장히 강한 리더였고, 그 소문을 들었을 텐데 저를 대하는 태도가 불손하기 그지없더군요.

그 불손함이 어느 정도였는지 예를 들자면, 제가 부서별로 업무보고를 받으러 다녔는데 고참 부장 하나가 삐딱하게 앉아 있더라고요. 그러더니 저를 기분 나쁘다는 듯이 쳐다보고는 마지못해 일어나서 건성으로 인사를 해요. 아무리 초임 본부장이더라도 나는 사장 6년 차고, 자기는 부장인데 기막히더군요. 그래서 미팅 끝나고 담당 임원을 따로 불렀어요.

"이건 내 직관인데, 당신 직속인 그 부장은 문제가 있을 가능성이 굉장히 커 보입니다. 선택지를 드릴게요. 일주일 안에 퇴사시키든지, 감사를 받든지 결정하세요."

제가 직관으로 일하는 사람은 아닌데, 열이 받은 거죠. 사실 이건 저한테도 리스크가 큰 결정이었어요. 만약 그 부장을 감사했는데 별문제 없을 수도 있잖아요. 그러면 제가 우스운 사람이 돼버리죠. 그런데 저렇게까지 하는 건 둘 중 하나예요. 엄청나게 실력자이거나 구매부서에 있었던 사람이니 뒷주머니를 차서 당장 잘려도 상관없는 사람이거나. 제 '촉'으로는 후자였고, 그 촉을 믿고 싶었죠. 담당 임원이 일주일을 고민하더니 내보내겠다고 하더군요. 나중에 알고 보니, 그 부장이 실제로 엄청나게 많은 비리를 저질렀더라고요.

이건 일종의 '기 싸움'이었어요. 나는 이 사람들한테 초반부터 밀리면 안 되고, 그들은 자존심상 나를 받아들일 수가 없고. 그때 마음고생을 참 많이 했습니다.

그러던 중에 한 달 새 공장에서 불이 세 번이나 났어요. 맨 처음 미국의 공장에서 불이 나기 시작하더니, 오창공장, 중국의 남경공장까지 연달아 화재가 발생했죠. 다행히 큰불은 아니었지만 더욱 긴장할 수밖에 없었어요. 그러면서 '아, 이건 내가 주도권을 쥐라는 뜻이구나' 생각했습니다. 분명히 위기이지만, 이 위기를 기회로 삼기로 마음을 고쳐먹었죠. 리더는 항상 되는 방향으로 생각해야 해요. 만약에 공장이 별 문제없이 운영되었다면 임원들은 제 말을 더 안 따랐을 겁니다. 그런데 스스로도 공장 운영이 엉망임을 느끼다 보니, 제가 주도권을 줄 기회가 온 것이죠.

# 위기의
# 배터리 사업

**"YS 권, 월화수목금금금 일하십시오"**

부임하고 1년 6개월은 그야말로 '내우외환'의 시기였어요. 안에서는 저를 깔보는 눈초리고, 밖에서는 고객들이 우리를 아주 차가운 시선으로 바라보고 있었죠. 부임하고 얼마 안 돼서 고객들 파악도 하고 인사도 할 겸 주요 고객사를 찾아다니던 때였어요. 스웨덴에 있는 회사에 갔는데, 회의 시작하고 조금 지나서 담당 임원이 한소리하는 겁니다.

"YS 권, 당신네 회사 사람들은 토요일, 일요일에도 쉬지 말고 일해야 해요. 그렇게 일을 안 하니까 회사가 엉망인 겁니다. 정신 차리세요."

그 소리를 듣는데 열이 바짝 오르더군요. 속으로 '아무리 고객사라도 그렇지, 우리 회사를 얼마나 우습게 봤으면 저런 소리를 하지?' 싶었죠. 그래서 일단 질렀습니다. 전 가끔씩 지릅니다. 더 이상 물러설 곳이 없을 때는 승부수를 던질 수밖에 없어요.

"어떤 문제인지 모르겠으나 한 달만 시간을 주십시오. 그 안에 반드시 해결하겠습니다. 제가 보장하겠습니다. 회의는 여기서 끝내죠."

그러고는 회의장을 박차고 나와서 무슨 일인지 상황을 파악했죠. 알고 보니, 고객사가 원하는 제품을 개발하는 과정에서 품질문제가 생겼답니다. 고객사가 이 문제를 해결해달라고 계속 요청했는데 여전히 해결하지 못한 상태였던 거죠. 그러면 사장인 나한테 미리 보고했어야 하는데, 고객사가 그 얘기를 할 줄 모르고 그냥 덮어둔 겁니다. 제가 얼마나 화가 났겠어요. 만약에 그런 상황을 알고 만났으면 처음부터 미안하다고 사과하고 대안을 제시했을 텐데, 그것도 모르고 그 자리에서 우리 회사 제품이 좋고 어쩌고 자랑을 늘어놓았으니, 고객사도 화가 단단히 나서 직격탄을 날린 겁니다.

## 배수진을 치고 최선을 다하다

그렇게 한 달 안에 해결하겠다고 승부수를 던지고 돌아와서 집중적으로 그 문제를 파고들었어요. 그런데 당시 우리 회사 능력으로는 도저히 해결이 안 되는 문제였습니다. 우리는 화학 쪽 엔지니어들은 많은데 그 문제는 기계공학 쪽에서 해결해야 했던 거죠. 결국 외부의 도움을 받아야 했어요. 다행히 제가 해결할 수 있을 듯했죠. 제 장점은 남의 도움을 잘 받는 것입니다. 하도 여러 군데를 돌아다녀서 사람을 많이 알고, 관계 형성도 잘돼 있어요. 그러다 보니 누구의 도움을 받아야 할지 딱 떠오르더군요. 곧바로 그분한테 전화했죠.

"나 좀 도와줘야겠어요" 하면서 상황을 설명했더니, 그분이 쉬운 문제는 아니지만 최선을 다해서 해결해보겠다고 해요. 사실 어렵다고 거절해도 어쩔 수 없는데 무조건 해결해주겠다고 하니 얼마나 고마워요. 그러고 생각했죠. '아, 내가 남의 도움을 잘 받을 만큼 그래도 잘 살아왔구나.'

결국 한 달 만에 그 문제를 해결하고, 고객사를 불렀어요. "봤지? 이래도 우리가 토요일, 일요일에도 일해야 해?" 그랬더니 담당 임원이 고맙다면서 미안하다고 사과하더군요.

때로는 배수의 진을 치고 승부수를 던져야 해요. 이순신 장군이 왜군과 싸울 때 우리 군사들의 막사를 모두 태워버리고 사즉필생의 정신으로 맞서잖아요. '돌아올 집은 없다. 죽든지 이기든지. 이겨서 돌아오면 전리품으로 집은 새로 지을 수 있다.' 마찬가지입니다.

앞에서 말한 고참 부장을 감사하겠다는 것도, 한 달 만에 해결하겠다는 것도 승부수를 던진 거죠. 지금 와서 생각해보면, '내가 왜 한 달이라고 했을까' 싶어요. 그냥 '한 달'이라는 말이 떠올랐던 것 같아요. 일주일 안에는 해결될 것 같지 않고, 1년은 아닐 거고. 그렇다고 2개월도 아니고… 그냥 '한 달'이라고 승부수를 던지고, 그 한 달 안에 해결하기 위해 최선을 다한 겁니다.

만약에 그때 이 문제를 해결하지 못했으면 '그것 봐. 실력도 없으면서 한 달 안에 해결하겠다고 큰소리나 치고, 한 게 뭐냐' 하며 비아냥거리고 저를 더 못 미더워했을 겁니다.

물론 제가 이 문제를 직접 해결한 건 아니에요. 다만, 이 문제를 해결할 수 있는 회사가 어딘지 고민했고, 그러다 보니 그걸 할 수 있는 회사의 사장을 잘 알고 있었던 거죠. **자기 실력뿐만 아니라 남의 도움을 받을 수 있는 것도 큰 자산이에요.**

이 사건을 계기로 임원들이 저를 보는 눈빛이 바뀌기 시작했어요. 저를 보여줄 수 있는 절호의 기회가 된 거죠. '이것 봐라? 이 양반이 진짜 해결했네! 허당이 아니구나. LG디스플레이에서 세계 1등 했다는 명성대로 뭐가 있구나' 하는 걸 느낀 거죠. 이것이 하나의 모멘텀이 돼서 조금씩 리더십을 발휘할 수 있는 여건이 마련되었습니다.

# 절체절명의 순간
# 승부수를 띄우다

### All or Nothing, 배터리 사업의 승부처

배터리 사업을 흔히 '올 오어 낫싱 All or Nothing 게임'이라고 해요. 즉, 수주에 성공하면 100%를 확보하고, 실패하면 단 한 푼도 못 받는 승자독식 구조인 거죠. 디스플레이 때는 아무리 좋은 제품이어도 마켓셰어가 100%인 경우는 없어요. 잘해야 30~40%입니다. 그런데 배터리 사업은 완전히 다르더군요. 배터리 하나를 개발해서 자동차에 장착하려면 최소 3년이 걸리기 때문에 여러 공급업체에 맡길 수가 없어요. 오로지 단독업체와 공급계약을 맺을 수밖에 없죠. 이렇게 독점으로 수주하면 보통 10년간 공급계약을 맺는데, 1조 원짜리도 있고, 2조 원짜리도 있고, 3조 원짜리도 있어요. 처음 전지 사업본부에 가서 '올 오어 낫싱 게임'에 깜짝 놀랐습니다. 말 그대로 긴장의 연속이었습니다.

   이런 조건에서 승부처는 '제품력을 높이는 것'밖에 없어요. 제품의 성능을 향상시켜서 "우리 이거 할 수 있다"라고 보여주고 수주하는 거죠. 물론 수주하고 나서 생산에 들어가면 다시 '수율'이 핵심 전략이 되겠지만, 제가 부임한 초반에는 수주가 핵심이었어요.


**폭스바겐의 냉혹한 시선**

그런데 당시 가장 큰 고객사였던 폭스바겐 그룹부터 우리 제품을 못 미더워하는 겁니다. 부임 초반 해외출장 때 폭스바겐을 제일 먼저 찾아가서 회사 자랑을 한참 했습니다. 폭스바겐 CTO가 그 소리를 다 듣더니, "YS, 당신네 회사 제품의 문제점이 뭔지 압니까?" 하면서 첫째, 둘째, 셋째를 꼽으며 문제점들을 조목조목 지적하더군요. "사랑해요, 폭스바겐" 하지 말고 "폭스바겐 차 한 대라도 사세요" 이러면서 면박까지 주고 말이죠. 우리가 회사 소개 영상물을 제작해 갔는데, 마지막에 '사랑해요, 폭스바겐'이라고 했더니 그에 대한 대답이었죠. 그만큼 우리 회사에 대한 시선이 차가웠습니다.

가장 큰 고객인 폭스바겐이 우리 제품에 부정적인 걸 알고, '큰일 났다' 싶었습니다. 그들이 지적한 문제들 가운데 가장 결정적인 건 포장재였어요. 우리는 배터리 재료를 라면봉지 같은 얇은 필름으로 쌌는데, 이걸 파우치형 배터리라고 해요. 경쟁사는 포장재가 알루미늄이었죠. 모두 철로 만들어진 자동차 내부에 얇은 라면봉지가 들어가니 자동차 회사 입장에서는 불안한 겁니다. 실제로 우리 제품이 강도가 떨어져서 접착을 잘해도 포장지 옆구리가 터지는 일이 간혹 있었습니다.

그러다 보니 폭스바겐에서 몇 번이나 샘플 테스트를 했는데 모두 실패하고, 사정사정해서 겨우 마지막 기회를 얻은 차였어요. 이번에도 테스트를 통과하지 못하면 사업 자체가 흔들릴 정도로 위기에 봉착한 겁니다. 직원들도 계속 실패하다 보니 많이 불안해하고 절망했죠. 그래서 '지금이라도 늦지 않았으니 경쟁사 방식으로 바꾸자'는 의견과 '계속 우리 방식대로 해야 한다'는 의견이 팽팽하게 맞서고 있는 상황이었습니다.

## 사고의 전환, 단점 보완보다는 장점을 키우자

이렇게 길을 잃고 우왕좌왕할 때는 리더가 단호하게 '결단'을 내려야 해요. 제가 내린 결론은 "그대로 가자"였습니다. 대신 이제까지는 단점을 보완하는 데 전력을 다했다면, 이제부터는 장점을 최대한 살리는 데 전력을 다하자고 했죠.

어느 제품에나 장점과 단점이 있어요. 그럴 때 자꾸 단점만 생각하면 계속 수비할 수밖에 없습니다. 제가 M&A 할 때 100억 달러를 부른 것처럼 때로는 먼저 치고 나가는 게 필요해요. 상대방의 계속되는 공격을 방어하기는 쉽지 않기 때문이죠. 때로는 선제공격이 답일 수 있습니다. 이 문제도 마찬가지였죠. 고객사에서 문제점들을 지적하니까, 그동안은 제품의 단점을 보완하는 데 집중해왔어요. 계속 수비만 해온 거죠. 그런데 시각을 달리할 필요가 있어요. **'만약 우리가 그 단점들을 상쇄하고도 남을 만큼 장점을 키운다면, 고객사도 우리 제품을 선택할 수 있지 않을까.' 즉, 방어보다는 공격으로 사고를 전환한 거죠.**

우리 회사 제품의 장점은 뭐냐. 포장재가 라면봉지니까 얇고 가볍다는 겁니다. 자동차 회사는 같은 공간에 얼마나 많은 배터리를 넣을 수 있느냐, 얼마나 무게를 줄일 수 있느냐가 아주 중요해요. 즉, 부피당 에너지와 무게당 에너지가 크면 클수록 좋은 거죠. 엔지니어들의 판단으로는 최소 20% 이상 경쟁사보다 좋으면 희망이 있다고 해요. 그래서 제가 목표치를 30%로 잡았어요. 죽기 살기로 해서 경쟁사보다 에너지 밀도를 30% 높이면 승산이 있다고 보고 제품 개발에 들어갔죠.

## 드림팀을 꾸려 돌파하다

그런데 저는 엔지니어가 아니기 때문에 할 수 있는 게 없어요. 그래서 물었죠. "그런 제품을 개발하려면 뭐가 필요해요?" 그랬더니 설계 역량과 좋은 재료, 이 두 가지가 필요하다는 겁니다.

우선 설계 역량을 키우기 위해 제가 띄운 승부수는 '드림팀' 구성이었어요. 상품 기획, 개발, 구매, 생산, 공정 기술 등 제품 개발에 필요한 기능을 가진 최고의 인재들을 선발해서 한 팀으로 모아놓았죠.

정말 승부수를 띄워야 할 때 제가 쓰는 방법인데, 첫째, 타깃을 정합니다. 당시 타깃은 같은 부피, 같은 무게당 에너지 밀도를 경쟁사보다 30% 좋게 하는 것이었죠. 둘째, 팀워크가 좋은 최고의 인재를 선발합니다. 능력만 보아서는 안 돼요. 셋째,

그들에게 100% 권한을 위임합니다. 넷째, 나는 한 발짝 뒤로 물러서서 철저히 도와주는 자세로 임합니다. 그리고 간절히 기도하는 마음으로 기다려주는 겁니다. 제가 초조하고 불안해서 자꾸 물어본다든지 간섭한다든지 하면 절대 안 돼요.

**"당신들만 믿어요. 당신들이 할 수 없으면 우리는 끝입니다. 다만 나는 항상 당신들 옆에 있어요. 언제든지 도와줄게요."**

이것이 사람이 자기 능력의 최고치를 발휘할 수 있는 가장 강력한 방법입니다.

이 가운데 제가 해야 하는 가장 중요한 일은 팀을 잘 짜주는 겁니다. 팀장부터 시작해서 팀원들을 어떻게 구성하느냐가 하이라이트죠. 드림팀의 경우에 전체 팀을 이끌 팀장은 제가 선임했고, 그 팀장이 자기가 데리고 있을 서브팀장들을 추천하면 제가 다시 한 번 인사부서와 더블체크를 했어요. 서브 팀장들이 팀원을 뽑을 때는 제가 따로 관여하지는 않았죠. 원칙은 자기가 데리고 쓸 사람은 철저하게 본인이 결정하되, 다만 편견이 있을 수도 있으니 객관적으로 볼 수 있는 인사팀이 같이 도와서 하는 것이었습니다.

그때 최승돈 상무가 팀장을 맡았는데, 일을 정말 잘했어요. 팀장 선발 인터뷰 과정에서 그분의 진정성과 신실함을 느낄 수 있었죠. 저는 진정성이라는 말을 좋아하는데, 그 일을 하고 싶어 하는 열정, 목표를 달성하고자 하는 열망은 단순히 말만 한다고 표현되는 게 아니라, 그 사람의 표정, 그 말을 할 때의 떨림 등 그 사람의 모든 것에서 느껴집니다. 최 상무는 어느 모로 보나 정말 훌륭한 팀장이었어요.

### 최고의 양극재를 공급받다

두 번째 필요조건인 좋은 재료를 찾기 위해서는 배터리에 들어가는 모든 재료를 최고로 잘 만드는 회사의 목록부터 만들었습니다. 그중에서도 가장 중요한 재료가 양극재인데, 배터리의 약 40%를 차지할 정도로 비중이 커서 배터리의 '심장'으로도 불리죠. 그래서 양극재를 누가 제일 잘 만드는지 알아봤더니, 일본에 있는 니치아라는 회사라더군요. 그러면 그 회사 제품을 쓰면 되잖아요. 그런데 담당 임원이 "아휴, 사장님이 모르셔서 하는 말씀이세요. 일본의 그런 좋은 회사는 한국 업체한테 절대 재료 공급 안 합니다" 그래요. 처음에는 '어떡하냐' 걱정하면서 그냥 넘어갔어요.

그런데 아무리 생각해도 가장 중요한 양극재를 최고로 좋은 걸 쓰지 않으면 방법이 없을 것 같더군요. 그래서 다시 물었어요. "니치아라는 회사가 혹시 LED칩 만드는 그 회사입니까?" 그랬더니 맞다는 겁니다. LG디스플레이 때 LED칩을 공급해준 바로 그 니치아 화학공업이었던 거죠. 그 순간 기적처럼 한 줄기 희망이 비쳤어요. 니치아 회장님과는 노천목욕탕에도 같이 갈 정도로 친한 사이였거든요.

바로 전화를 드렸죠. "회장님, 도와주세요. 양극재 좀 보내주세요" 했더니, 단번에 "권 사장이 부탁하면 당연히 드려야지" 해요. 임원들이 깜짝 놀랐어요. 자기들은 아무리 열심히 해도 절대 안 넘어오던 회사가 내 한마디에 바로 공급해주겠다고 하니까 '이 정도로 가까웠다고?' 싶었던 거죠.


## 최고의 설계와 재료가 빚어낸 경쟁력

좋은 제품은 훌륭한 음식을 만드는 것과 비슷해요. 우선 재료가 좋아야 하죠. 재료가 나쁘면 아무리 특출한 솜씨가 있어도 안 돼요. 그래서 뛰어난 요리사들을 보면 자기만의 재료를 구하러 다니잖아요. 물론 재료만 좋다고 훌륭한 음식이 되는 건 아니죠. 최종적으로는 요리사가 실력이 있어야 훌륭한 음식을 만들 수 있어요.

    우리 제품도 마찬가지예요. 니치아의 양극재라는 최고의 재료와 최고의 엔지니어들이 드림팀을 구성해서 설계를 잘한 덕분에 결론적으로 경쟁사보다 뛰어난 최고의 제품을 개발할 수 있었습니다.

# 기적을
# 만들다

## 폭스바겐 회장 앞에서 거둔 극적인 승리

저는 우리 회사가 폭스바겐 그룹에 진입할 수 있었던 건 세 번의 기적 덕분이라고 생각해요. 첫째는 우리 직원들이 정말 최선을 다해서 최고의 제품을 개발한 것이에요. 아마 자기 능력의 130~140%를 발휘했을 겁니다. 그다음으로는 니치아 양극재를 쓸 수 있었던 것이죠. 제가 가기 전까지는 아무리 사정해도 니치아에서 공급을 아예 안 해줬거든요. 마지막 기적은 폭스바겐의 마틴 빈터콘Martin Winterkorn 회장한테 우리 제품과 기술을 설명할 수 있는 기회를 얻은 것이었죠.

좋은 제품을 개발했다고 해서 모든 일이 일사천리로 되는 건 아니에요. 우리 제품을 고객한테 전달할 수 있는 기회가 있어야 하는데, 폭스바겐 그룹의 회장을 만나기란 하늘의 별 따기입니다. 우리 같은 회사들은 거의 불가능한 일이었어요. 그런데 기술 개발을 완료한 시점에 그 기회가 딱 주어진 겁니다.

폭스바겐 그룹이 매해 가을마다 새로운 기술을 가진 공급업체들을 모아서 이벤트를 여는데, 우리 회사가 초대받았어요. 경쟁사보다 25% 더 에너지 밀도를 높일 수 있는 기술을 갖고 있었기 때문에 가능한 일이었죠. 그럼에도 불구하고 자동차 엔지니어들은 여전히 파우치형 배터리에 대한 시각이 부정적이었어요. 그때 10분 정도 할애를 받아 빈터콘 회장한테 우리 제품을 설명할 기회를 얻었죠. 정말 고마웠던 게 당시 정근창 전무가 프레젠테이션을 아주 잘했습니다. 빈터콘 회장이 설명을 다 듣더니, 딱 한마디 하더라고요. "왜 테스트 안 하냐." 그러니까 폭스바겐 엔지니어들이 바로 '알겠다'고 하더군요.

자동차 회사의 CEO는 카리스마가 보통이 아니에요. 자동차에는 몇 천 개의 부품이 들어가기 때문에 회사 규율이 굉장히 엄해요. 까딱 잘못해서 부품 하나만 문제가 생겨도 대형사고로 이어질 수 있기 때문이죠. 그러다 보니 굉장히 강한 군대식 조직문화를 갖고 있어요. 그리고 정주영 회장님이 그랬듯이, 어느 자동차 회사나 CEO의 파워가 막강합니다. 빈터콘 회장의 파워는 말할 것도 없었고 말이죠.

사실 배터리 성능 테스트를 하는 데는 어마어마한 시간과 비용이 들어요. 그러니까 테스트를 받는 것조차 쉽지 않습니다. 다행히 우리는 빈터콘 회장 덕분에 테스트를 받게 되었고, 마침내 테스트에 통과했어요. 세 번의 도전 끝에 이루어낸 성과였죠. 폭스바겐 물량을 수주했던 날 저와 자동차 사업부장인 김종현 부사장과 그 팀원들 모두가 함께 얼싸안고 기쁨의 눈물을 흘렸던 장면이 지금도 생생합니다.

**"과감하게 미래를 위해 투자하라"**

사실 이 기적 뒤에는 우리 회장님의 든든한 지원이 있었습니다. 부임 초반에 제가 안팎으로 시달렸잖아요. 안에서는 저를 우습게 바라보고, 밖에서는 고객들이 따가운 시선으로 쳐다보고. 그때 회장님의 격려가 큰 힘이 되었어요. 회장님도 제가 가서 고생한다는 얘기를 다 들으셨던 거죠.

회장님께서 말씀이 많으신 분이 아닌데, 항상 제게 당부하신 말씀이 있어요.

"권 사장, 손익만 너무 걱정하지 말고 미래를 위해 과감히 투자하세요."

즉, 배터리는 앞으로 엄청나게 많은 기회가 있는 큰 비즈니스이니 사업 초기인 지금 이익을 더 내고 덜 내고는 전혀 중요하지 않다, 미래를 위해 준비하다 보면 비용을 많이 쓸 수밖에 없다, 적자가 나도 좋으니 미래에 대비하라는 말씀이셨어요. 오너이기 때문에 가능한 말씀이기도 했죠.

사실 당시 손익은 당연히 안 좋았기 때문에 제가 움츠러들 수도 있는 상황이었는데, 회장님의 말씀이 천군만마와도 같았습니다. 덕분에 용기를 얻어서 위기를 기회로 만들어보기로 마음먹을 수 있었어요. 아마 회장님의 격려가 없었다면, 제 스스로 이 위기를 기회로 만들기는 쉽지 않았을 듯해요. 워낙 큰 위기다 보니 기가 떨어질 수도 있었거든요. 그런데 '손익 걱정 말고, 미래를 위해 아낌없이 투자하라'는 말씀에 힘입어 정말 과감하게 R&D 투자도 하고, 좋은 인재들을 많이 뽑을 수 있었어요. 덕분에 우리 직원들과 열심히 해서 기적을 만들 수 있었습니다.

# "싹쓸이 한번 합시다"

## 세계 1등 발판을 마련하다

자동차 업계가 예상외로 좁아서 서로 잘 알아요. 우리 회사가 폭스바겐의 물량을 수주하니까 소문이 쫙 났어요. "LG 배터리가 결국 폭스바겐에 성공적으로 진입했다. 대체 어떤 배터리냐?" 우리 회사에 대한 관심도가 확 올라가더군요. 르노, PSA 푸조, 재규어 랜드로버 등 유럽에 있는 회사들과 미국의 회사, 중국 회사들까지 관심을 갖기 시작했어요. 2014년에 수주잔고 세계 1등을 하는 데 발판을 마련해준 게 바로 폭스바겐 수주였죠.

이쯤 되니, 우리 까다로운 LG화학 전지 사업본부 임원들도 저를 확실하게 인정하게 되었어요. 그다음부터는 격의 없이 친하게 지내면서 순탄하게 보냈죠. 사실 엔지니어들이 약간 수줍어하는 성향이 있어요. 처음에는 다가가기 어려운데, 마음의 문을 열면 또 완전히 끈끈해요. 특히 화학 출신들이 더 그랬죠. 이렇게 끈끈한 관계가 되기까지 1년 6개월이 걸렸습니다.

### 10대 자동차 회사를 고객으로 만들다

그렇게 한숨 돌리고 마음의 여유를 가졌을 즈음 임직원들하고 파리 모터쇼에 갔습니다. 모터쇼에는 자동차 회사들뿐만 아니라 배터리 회사들도 참여해서 주요 기술들을 선보였죠. 죽 둘러보는데 슬슬 '세계 1등'이라는 말이 떠오르더군요. 그런데 '세계 1등'이라고 하면 부담스러워할 것 같아서 생각해낸 말이 '싹쓸이'예요.

함께 간 임직원들한테 농담 반 진담 반으로 "어차피 배터리 사업 시작했는데, 싹쓸이 한번 하자"라고 했죠. 그랬더니 처음에는 못 알아들어요. 다시 말했죠. "고스톱 쳐봤죠? 고스톱에서 싹쓸이하잖아요. 우리 제품도 좋고, 당신들 실력도 좋으니까 10대 자동차 회사를 모두 우리 고객으로 만들어봅시다." 그랬더니 저랑 친한 임원이 "아이고, 사장님. 겨우 급한 불 껐는데 뭔 싹쓸입니까?" 그러기에 "그렇지?" 하고 물러섰어요. 일단 화두만 던지고 뒤로 빠진 거죠.

CEO는 밀어붙일 때와 빠질 때를 잘 알아야 해요. 밀어붙일 때는 아주 단호하게 밀어붙여야 하죠. '한 달 안에 해결하겠다.' '우리 회사 제품의 장점을 살리자. 더 이상 왈가왈부하지 마라. 우리 길은 하나다.' 이럴 때는 단호하게 해야죠. 그런데 '싹쓸이 하자'라는 건 때가 아니면 한 번 던지고 물러서야 해요. 괜히 밀어붙였다가는 역효과가 날 수 있어요.

그렇게 물러서서는 LG디스플레이 때와 같이 직원들의 마음을 얻기 위해 노력했어요. 그때 제가 마음을 얻기 위해 현장에 찾아가서 직원들의 이야기를 듣고, 문제를 해결하고, 여러 가지를 배려해주었죠. 그랬더니 직원들 사이에 "지난번에 우리 사장님이 말한 싹쓸이 한번 해볼까?"라는 말이 돌기 시작하더군요.

처음 화두를 던지고 7개월 정도 지났을 즈음 "싹쓸이 한번 해보겠습니다" 그래요. 그래서 제가 "어, 그래요? 자신 있어

요?" 물었더니, "아, 한번 해보죠. 안 되면 말고요." 저는 그게 좋아요. '안 되면 말고.'

"그래, 좋아. 한번 해봅시다."

이렇게 의기투합이 되어서 전 세계를 다니며 주요 자동차 회사들을 만나 우리 제품과 기술을 설명했어요. 그러니까 진짜 '싹쓸이'가 되더라고요. 그렇게 수주잔고 세계 1등을 해낸 겁니다. 그때 회장님도 무척 기뻐하시고, 우리 직원들도 환호와 기쁨으로 들떴습니다. 그야말로 '열광의 도가니'였습니다.

# 도움은 선한 일을
# 하는 자에게 돌아온다

회사생활을 하면서 어떤 어려움에 부닥쳤을 때 제 능력만으로 그 문제들을 해결하지는 않았어요. 다른 사람의 도움을 많이 받았죠. 전지 사업본부에서 품질문제가 생겼을 때도 금성사부터 인연을 맺어온 분의 도움으로 해결했고, 양극재 공급도 마찬가지였어요. 제가 다른 사람의 도움을 받을 수 있었던 것은 평소에 많이 베풀고 도움이 필요할 때 최대한 도와주려고 노력한 결과입니다. 덕분에 제가 곤경에 처해 도움을 청했을 때 그들도 혼신의 힘을 다해 도와줄 수 있었던 것이죠.

**세상에서 가장 강한 사람은 도와주는 사람이 많은 사람이라**

고 해요. 지금처럼 세상이 복잡해지기 전이나 우리나라가 개발도상국이었던 시절에는 자기만 열심히 하면 해결될 정도로 난이도가 높지 않았어요. 하지만 이제는 다르죠. 배터리만 하더라도 최첨단 기술이어서 거기서 발생되는 문제는 난이도가 굉장히 높아요. 혼자 해결할 수 있는 문제들은 별로 없고, 그 분야 전문가들의 도움을 받아야 하죠.

**경영이란 결국 남의 도움을 잘 받아야 성공할 수 있습니다.** 어떻게 도움을 많이 받을 수 있을까요? 득도다조得道多助라는 말이 있는데, '도를 얻은 사람은 도와주는 사람이 많다'는 뜻이에요. 여기서 '득도得道'는 여러 뜻으로 해석되는데, '좋은 일을 많이 해서 그 사람의 마음을 얻는 것'으로 풀이할 수 있어요. 즉, 좋은 일을 많이 하면 많은 도움을 받을 수 있습니다.

한 가지 덧붙이자면 좋은 일을 하는 데 반드시 돈이 드는 건 아니에요. 다른 사람을 도와주고 베푸는 것은 마음으로 할 수 있는 일도 많아요. 오히려 그 마음이 감동을 줄 때가 더 많죠. 바로 무재칠시無財七施인데, 재물(돈) 없이도 다른 사람에게 나누어 줄 수 있는 일곱 가지라는 말이에요. 신시身施, 심시心施, 안시眼施, 화안시和顏施, 언시言施, 좌시座施, 방시房施가 그것이죠.

좀 더 풀어보면, 신시는 몸으로 봉사하는 것을 뜻하고, 심시는 따뜻한 마음으로 상대를 대하는 것이에요. 안시는 자신을 바라보는 사람들이 평온을 느낄 수 있도록 따뜻하고 다정한 눈빛으로 편안을 주는 것이죠. 화안시는 맑고 온화한 마음으로 보는 이로 하여금 다가가는 마음에 걸림이 없도록 밝은 표정을 짓는 것이고, 언시는 부드러운 말, 연꽃 향이 피어오르듯 곱고 예쁜 말로 대화하는 것입니다. 좌시는 자기 자리를 필요한 사람에게 양보하는 것이고, 마지막으로 방시는 피곤한 이에게 쉴 곳을 마련해주거나 자신의 집에 묵을 수 있도록 공간을 제공해주는 것입니다. 저도 **이 '무재칠시'를 늘 마음에 새기면서 상대방을 대하려고 노력하는 중입니다.**

# 현장경영으로
# 마음을 얻다

**화, 수는 오창공장으로, 목, 금은 대전 연구개발 현장으로**
LG디스플레이 CEO를 하면서 어느 순간 '사무실에 앉아서 보고받는 게 CEO가 할 일이 아니구나. 현장에 가야겠다'고 마음을 먹었어요. 그런데 현장에 가는 것도 원칙을 세워놓지 않으면 잘 안 가게 되더군요. 사람이란 편한 걸 추구하기 마련이라 사무실에 앉아 있는 게 편하니까 현장에 안 가게 되는 거죠.

그래서 월요일에만 본사에서 근무하고, 화, 수는 파주공장, 목, 금은 구미공장에 가는 것으로 정하고, 일이 없어도 무조건 갔어요. 전지 사업본부에 와서도 월요일에만 본사에 있고, 화,

수는 오창공장에, 목, 금은 대전 연구개발부서에 갔죠.

제가 현장에 자주 가니까 처음에는 직원들이 괴로워하더라고요. 그런데 나중에는 좋아했어요. 자기들이 겪는 여러 문제가 바로바로 해결되니까 좋은 거죠. 만약에 어떤 문제가 생겼는데 제가 현장을 안 간다고 하면, 현장에서 본사로 보고하고 본사에서 줄줄이 단계를 거쳐 저한테 오는 최종 보고는 희석되고 편집돼서 100이라는 사실이 40~50밖에 안 남게 됩니다. 그러면 현장의 어려움을 제대로 해결해줄 수가 없어요.

앞에서 제가 직원들의 마음을 얻는 방법으로 현장에 갔다고 말씀드렸잖아요. 저는 항상 설레는 마음으로 현장에 가서 직원들의 이야기를 듣고, 그들이 겪는 어려움들을 살피고 해결하려고 했어요. 그러다 보니 직원들도 저를 신뢰하고, 저의 진정성을 알게 되었죠. 그리고 스스로 '싹쓸이하겠다'는 생각을 할 만큼 그들의 마음을 얻을 수 있었습니다.

### 일론 머스크의 현장에서 배운 교훈

현장경영이라고 하면 생각나는 사람이 일론 머스크예요. 2013년쯤에 테슬라에서 만나고 싶다고 연락이 왔어요. 그때까지는 테슬라가 어떤 회사인지 제가 잘 몰라서 직원한테 물었더니 스타트업이고, 전기차를 주로 만들고, 일본의 파나소닉에서 배터리를 공급받는다고 해요. 우리는 그다지 관심을 두지 않았던 회사인데, 만나자고 하니 일단 갔습니다.

그때 일론 머스크한테 크게 놀란 게 두 가지예요.

첫째는 그의 사무실이 생산공장 최종 조립라인 끝에 있었던 겁니다. 그 이유가 궁금해서 물었더니, 본인은 '가장 문제가 많은 현장에 사무실을 두고 그들과 실시간으로 소통한다'고 하더군요. 그 당시에는 생산부서에 문제가 있어서 사무실을 생산부서에 두고 근무하지만, 만약에 개발부서에 문제가 있으면 개발부서에 가서 근무한다고 해요. **보통 현장경영이라고 하면, 현장을 방문하는 것인데 그는 아예 현장에 사무실을 두고 적극적인 현장경영을 하고 있었던 거죠.** 그때 '저 사람 참 남다르다'는 생각을 했습니다.

둘째는 발상의 전환이에요. 보통 자동차 부품은 30만 킬로미터를 보증해요. 30만 킬로미터 달릴 때까지 하자가 없어야 하죠. 배터리도 마찬가지예요. 1회 충전으로 100킬로미터를 달릴 수 있고 그 배터리를 3,000번 충전할 수 있으면 30만 킬로미터를 주행할 수 있다고 계산합니다. 그래서 제품을 개발할 때도 30만 킬로미터를 갈 수 있게 3,000사이클에 맞춥니다. 그런데 만약에 1회 충전해서 300킬로미터를 갈 수 있는 배터리가 있다면, 30만 킬로미터를 보장하려면 이론적으로는 1,000사이클이면 돼요. 저는 그렇게 생각했어요. 그런데 고집불통인 자동차 회사들은 1회 충전으로 300킬로미터를 가더라도 무조건 3,000사이클을 요구하는 겁니다. 그러면 90만 킬로미터예요. 세상에 90만 킬로미터를 보장하는 회사가 어디 있어요. 유독 배터리에만 요구하는 거죠. 아무리 얘기해도 자기들은 어쨌든 3,000사이클이 필요하다고 고집을 피워서 '아, 정말 대화가 안 된다'고 답답해하던 참이었어요.

그런데 일론 머스크가 딱 그 이야기를 하더란 말이죠. 테슬라가 원통형 배터리를 사용했는데, 원통형 배터리는 1,000사이클밖에 안 나와요. 그 배터리의 취약점이에요. 그래서 제가 "원통형 배터리는 사이클이 1,000번밖에 안 되는데 어떻게 자동차에 씁니까?" 하니까, "YS, 한 번 충전해서 300킬로미터를 가면 1,000사이클이면 됩니다" 그래요. 제가 원하던 걸 일론 머스크가 그대로 얘기한 거죠. 그래서 제가 그랬죠. "당신 말이 100% 맞습니다. 그런데 왜 다른 회사들은 3,000사이클을 요구합니까?" 그러니까 자동차 회사들이 고집불통에다 갑질

하는 것이라고 해요. 그래서 제가 "당신 말이 맞아요. 그러면 우리가 공급할게요" 하고는 그때부터 테슬라에 배터리를 공급하기 시작합니다.

그전까지 저도 원통형 배터리는 1,000사이클밖에 안 되기 때문에 자동차 회사들이 못 쓸 것이라는 편견이 있어서 그쪽으로는 아예 생각도 안 하고 있었어요. 그런데 일론 머스크가 그 사고를 뒤집은 거죠. 자동차 회사의 고정관념을 깬 겁니다. 그가 기억할지는 모르겠지만, 제가 이런 말을 했어요.

"정말 대단합니다. 당신이 지금 전기차 발전에 어마어마한 기여를 했어요. 그 발상의 전환이 전기차를 급속도로 발전시킬 것입니다. 고맙습니다."

만약에 1회 충전으로 300킬로미터를 가더라도 자동차 회사들이 그대로 3,000사이클을 요구했다면 우리도 더 이상 개발하지 않고 그대로 중지할 수밖에 없는 상황이었어요. 이 소문이 나기 시작하니까 제너럴 모터스의 메리 바라<sup>Mary Barra</sup>가 바로 미팅을 요구하더군요.

"YS, 300킬로미터 가는 배터리가 필요해요."

"그럼 1,000사이클이어도 됩니까?"

"네, 됩니다."

그렇게 제너럴 모터스와 손잡고 1회 충전으로 300킬로미터 가는 배터리를 개발했습니다. 메리 바라가 빠른 거죠. 자동차 회사 CEO지만 굉장히 오픈 마인드예요. 이것이 제너럴 모터스가 전기차 사업을 펼치는 데 결정적 계기가 되었다고 생각합니다.

# 겸손을
# 배우다

### 리콜, 위기의 경고음

제조업은 항상 리콜의 위험이 있어요. 리콜을 하게 되면 비용이 많이 지불되니까 손익도 엉망이 되고, 평판도 형편없이 떨어지게 되죠. 저도 배터리 사업을 하면서 몇 번의 리콜 위기를 맞았는데, 그중 하나가 일본에 있는 회사예요. 그 회사에 휴대폰용 배터리를 공급했는데, 문제가 생긴 거죠. 일본 회사에서 리콜을 요구해왔어요.

대개 리콜을 할 때는 숫자 합의를 해요. 예컨대 현재 1만 대가 불량이 났는데, 추가로 5,000대가 더 불량이 나면 리콜한다는 식이죠. 그런데 시간이 갈수록 우리가 합의한 리콜 물량으로 수량이 늘어나는 겁니다. 1만 5,000대에 합의했으면 1만 3,000대, 1만 4,000대처럼 계속 불어나는 거죠. 째깍째깍 금방이라도 시한폭탄이 터질 것 같아요. 그러니까 저한테 상황 보고하러 오는 임원들 얼굴도 잿빛이 되어가더라고요.

하지만 우리가 할 수 있는 건 아무것도 없어요. 이미 팔린 제품을 어떻게 하겠어요. 걱정한다고 숫자가 줄어드는 것도 아니고 말이죠. 제가 그랬어요.

"걱정하는 시간에 차라리 기도를 하세요. '하느님, 부처님, 천지신명님, 앞으로 잘할 테니까 멈추게 해주세요.' 그런데 **얻어터져야 할 때는 얻어터져야 합니다. 오히려 그게 더 좋아요. 터질 때 터지고, 얻어맞아야 할 때 맞아야지, 안 그러면 나중에 더 크게 터질 수 있습니다.**"

어려움이 닥쳤을 때는 우선 그 어려움의 공포에서 벗어나야 해요. 그래야 당당히 맞설 수가 있습니다. 겁을 먹는 순간 도망치고 싶어져요. 어려움은 도피 대상이 아니라 맞서 싸울 상대예요. 그러려면 먼저 두려움, 걱정에서 벗어나야 해요. 그래야 마음의 안정을 찾고, 마음의 안정을 찾아야 맞서 싸울 수 있습니다. 그러니까 저는 계속해서 직원들을 진정시키는 거죠. "지금 당장 우리가 할 거 아무것도 없으니까 그냥 편하게 있다가 터지면 그때 가서 해결합시다." 다행히 합의한 수량에 도달하기 전에 멈췄습니다.

그렇게 가까스로 위기를 넘겼는데, 이번에는 대만 회사의 노트북 배터리에서 불이 나기 시작해요. 일본 회사하고는 그렇게 친한 사이가 아니었는데, 대만 회사 CEO하고는 굉장히 친했어요. 그러니까 오히려 그분이 더 걱정해주시더라고요. 감동이었던 건 그분이 좀 쉬자면서 저를 중국 장가계로 초대를 해요. "YS, 리콜할지 안 할지는 어차피 합의했으니까, 죽이 되든 밥이 되든 그때 가서 해결하면 돼요. 일단은 좀 쉽시다." 사실 말이 안 되죠. 제가 사고를 친 당사자인데 사고 친 저를 위로한다고 고객이 같이 여행을 가자는 게…. 참 고마웠습니다. 그 당시 저는 어디 해외 가서 여행하는 건 생각도 못 했던 시절인데, 그렇게 2박 3일간 잘 놀다 왔더니 이번에도 다행히 멈추었습니다.

### **겸손 속에서 길어 올린 자신감**

그만큼 아찔한 게 배터리 사업이에요. 배터리라는 건 몇 억 개의 셀$^{cell}$들이 모여 있는 것인데, 저는 그 셀들을 '자식'이라고 표현했어요. 1년에 우리가 몇 억 개의 자식을 세상에 내보내요. 하지만 불행히도 그 자식들 중에 일부가 자기 수명을 다하지 못하고 횡사하는 경우가 있죠. 그러면 사고로 이어지는 거예요. 저 멀리 브라질에서 사고가 났다 그러고, 인도네시아에서 났다 그러고, 전 세계에서 품질문제가 불거져요. 그러다 보니 늘 긴장할 수밖에 없었죠.

화재가 나면 서비스 팀장이 제게 문자로 '즉보'하게 되어 있는데, 그 팀장 번호만 뜨면 가슴이 철렁 내려앉았어요. 그러고는 마음 졸이면서 문자를 읽다가 '강아지'가 나오면 안도의 숨을 쉽니다. 강아지들이 따듯해서 그런 건지 배터리를 좋아해요. 강아지가 물어뜯어놔서 화재가 나는 경우가 종종 있습니다. 그러니까 문자를 보면서 '제발 강아지 나와라, 나와라' 하는데, 안 나오면 자연발화니까 문제가 되는 거죠. 이런 일이 빈번했어요.

어느 날 우리 고객사 자동차에서 화재가 났다 그러면 또 노심초사하면서 읽어요. 다행히 배터리 얘기가 없이 어쩌고저쩌고 하면 안도합니다. 그런데 '이유 없이'라고 하면 배터리가 관련되었을 가능성이 커요. 그때부터 신경이 바짝 서는 거죠. 매일이 살얼음판을 걷는 듯했습니다.

전자와 화학이 다른 게 전자는 인공지능처럼 알고리즘이 있어서 예측이 가능해요. 그런데 화학은 'A, B, C'라는 물질을 섞었을 때 뭐가 나올지 알 수가 없어요. 아마도 이런 위험이 없었으면 제가 오만방자해져서 어깨에 힘주고 다녔을지도 몰라요. 그런데 우리 직원들하고 같이 노력해서 큰 성과들을 낸 다음에는 항상 채찍이 따라왔어요. 마치 "정신 차려. 지금 네가 긴장을 늦출 때가 아니야" 하는 것처럼 말이에요. 그러니 자만에 빠질 새가 없었어요.

들이켜 생각해보면, 회사생활의 고비마다 주어졌던 시련들에 감사합니다. 만약 게임 사업이 잘됐으면 자만해서 사장까지 승진하기는 힘들었을 수 있어요. 배터리에서도 마찬가지예요. 직원들과 열심히 노력해서 수주잔고 세계 1등을 했는데, 리콜이나 화재 등의 어려움이 없었다면 어느 정도 하고 끝났을 겁니다. **하지만 성공 뒤에 늘 새로운 어려움이 따랐기에 극복하고, 또 극복하면서 성장할 수 있었어요. 그러니 그 시련들에 감사해야죠.** 그때의 실패 경험을 자산화하여 품질을 높이고 차별화된 경쟁력으로 승화시켰으니까요.

배터리 산업의 초창기에는 품질문제로 어려움을 겪은 적이 있었습니다. 하지만 지금은 상황이 크게 달라졌습니다. 실제로 외부에서 발생하는 문제는 극히 낮은 수준으로 안정화되었고, 무엇보다도 BMS(배터리 관리 시스템) 기술이 발전하면서 문제가 있는 배터리는 사고가 나기 전에 미리 감지할 수 있게 되었습니다. 이처럼 위기의 경험은 결국 우리를 단단하게 만들었습니다. 그래서 저는 항상 겸손한 마음으로 사업에 임하려 했습니다.

P&G를 훌륭하게 이끈 앨런 조지 래플리Alan George Lafley가 은퇴 후에 이런 질문을 받았답니다. "CEO로서 성공할 수 있었던 비결이 뭡니까?" 그는 '겸손과 자신감Humble&Confidence'을 꼽았다고 해요. **겸손한 사람은 모르는 것을 부끄러워하지 않고, 배우는 것을 두려워하지 않습니다. 그리고 다른 사람의 말을 경청하죠.** 그렇기 때문에 많은 질문을 할 수 있고, 경청을 통해 많은 것을 얻을 수 있어요. 어찌 보면 자신감도 결국 겸손에서 비롯된다고 할 수 있죠. 겸손의 위대함을 알고 겸손하도록 꾸준히 노력해야 합니다.

5장 | 간절히 원하면 꿈은 이루어진다

6장

# 해봤어?
# 해봐!

# 공부만이
# 살길이다

전지 사업본부에서 생산기술 쪽에 막 드라이브를 걸고 있을 때예요. 어느 날 회장님께서 전화를 주셔서 "축하합니다" 그러세요. 사장 10년 차였을 때니까 '아, 부회장으로 승진하는구나' 싶었죠. 그런데 느닷없이 통신회사로 가라는 겁니다. 너무 놀라서 "예에?" 그랬어요. 회장님 생각에는 앞으로 통신이 주요 사업이 될 테니 가서 잘해보라는 뜻이었죠.

아마도 이게 제 운명이었던 듯합니다. 마무리를 잘하려고 계획을 잡고 쭉 진행하고 있으면 언제나 다른 회사로 옮겨가야 했어요. 한 번도 끝장을 보지 못했죠. 전지 사업본부에서도 수주를 많이 했으니 '이제는 생산이다' 하고, 생산에 전력투구하려는데 유플러스로 가게 된 거죠. 유플러스에서 지주회사로 옮길 때도 마찬가지였습니다. 그게 참 아쉬워요.

문제는 LG유플러스가 CEO로서의 제 경력과 가장 먼 회사였다는 겁니다. 그동안 제가 해온 사업들과 정보통신 사업은 완전히 달랐어요. 디스플레이나 배터리 사업은 B2B(Business to Business, 기업 간 거래)에 고객의 90%가 해외에 있을 정도로 글로벌 비즈니스였어요. 그런데 LG유플러스는 B2C(Business to Consumer, 기업과 소비자 간 거래)에 완전한 내수 사업이었죠. 저라는 사람의 경험과 역량을 놓고 LG유플러스 CEO에게 필요한 역량을 비교해보면 매치되는 게 거의 없을 정도였습니다. 보통 리크루팅 회사나 인사부서에서 인사를 한다면 저는 자격 미달도 한참 미달이죠. 점수를 내면 30점이나 나올까요?

그러니까 저로서는 직원들한테 미안하죠. LG디스플레이와 전지 사업본부로 갔을 때는 미안하지는 않았어요. 두 사업 모두 상당히 어려웠기 때문에 가서 잘 해결해보라는 명분이 있었습니다. 그런데 LG유플러스는 아니에요. 미안함 그 자체였죠. 왜냐. 직원들이 봤을 때 '권영수' 하면 떠오르는 것들이 있을 텐데, 저는 그들에게 필요한 역량을 하나도 안 갖췄단 말이에요. 정보통신 모르지, 국내 비즈니스와 B2C 둘 다 안 해봤지. 직원들도 황당하고 저도 황당하고. 해결방법은 늘 그랬듯이 공부밖에 없었어요. 그래서 한 달 동안 아주 급한 일이 아니면 문 걸어 잠그고 정보통신을 가장 잘 아는 임원과 함께 '열공'했습니다.

## 해봤어?
## 해봐!

### SK텔레콤 CJ헬로비전 인수 저지

그렇게 '열공'하던 어느 날, SK텔레콤이 CJ헬로비전을 인수한다는 보고를 받았어요. 담당 임원이 하는 말이, 이 M&A가 성공하면 판매선이 봉쇄되는 등 우리 회사가 엄청난 위기에 봉착한다는 겁니다. 그래서 제가 "그럼 못 하게 해야죠" 했더니, "아휴, 그건 불가능합니다" 해요. 그래서 다시 "SK텔레콤이 헬로비전을 인수하면 우리 회사에 엄청난 타격인데, 그걸 막는 게 불가능하다고 말하면 우리는 자동적으로 위기에 처할 수밖에 없어요?" 물으니까, 그렇다는 겁니다.

"아니, 뭐라도 해야지 이대로 포기해요? 그들이 하는 거를 그냥 두고만 봅니까?"

"부회장님, 저들이 갖고 있는 힘이 너무 막강해서 어떻게 할 수가 없습니다."

속에서 열이 확 나더군요. 부딪쳐보지도 않고 그대로 포기한다는 게 마음에 안 들었어요. 하지만 제가 정보통신 사업에 대해 잘 모르니까 섣불리 덤벼들기도 어렵더군요. 괜히 했다가 안 되면 "보세요. 안 되는 건데 괜히 나서서 망신만 당하셨잖아요" 하는 비난이 쏟아질 것 같기도 했죠. 망설여지더군요.

'저분들이 저렇게까지 이야기할 때는 정말 불가능한 모양인데, 어쩌지? 그렇다고 이 중요한 과제를 CEO가 돼서 그냥 포기하그 넘어간다? 아니야.'

며칠 고민하다가 결심했어요. "붙자." 그러고는 모든 일정을 뒤로하고 이 문제에 '올인'했습니다. 방송통신위원회, 언론사, 정부 관계자들, 국회의원 등등 그 일과 관련되어 있는 사람들을 모두 만나러 다녔어요. 그러다 보니 실낱같은 희망이 보이더군요. 그래서 더 집요하게 물고 늘어졌습니다.

## 회장님과의 내기

그러던 어느 날 회장님께서 다른 일로 부르셨는데, 이와 관련해 한 말씀 하셨어요.

"권 부회장, SK하고 한판 붙는다면서요. 그런데 잘 안 될 겁니다."

우리 회장님께서 지는 걸 싫어하셨는데, 다른 그룹과 싸우는 것도 안 좋아하셨어요. 그렇다 보니, 어차피 안 될 건데 섣부른 싸움은 안 했으면 하셨던 듯해요. 그런데도 제가 "끝까지 해봐야죠" 말씀드렸더니, "그럼 나하고 내기 한번 합시다" 그러세요.

그렇게 회장님하고 100만 원 내기를 했습니다. M&A를 저지하면 제가 이기고, 실패하면 회장님께서 이기는 거죠.

그런데 결정적으로 도와주겠다는 사람들이 하나둘 생기기 시작했어요. 언론사뿐만 아니라, 시간이 갈수록 도와주겠다는 사람들이 늘어나니까 '야, 이거 잘하면 되겠는데' 싶었죠.

당시 우리의 목표는 어차피 M&A 자체를 막을 수는 없으니, 독점을 최대한 못 하게끔 여러 가지 까다로운 조건을 달게 하자는 거였어요. 임원들이 그러더군요. "부회장님, 잘하고 계신데 너무 큰 기대는 마세요. 정부에서 조건부로 승인해주면 우리한테 베스트일 겁니다." 그래서 저도 '안 되면 그거라도 하자'는 심정이었죠. 그런데 공정거래위원회에서 '인수 불가' 결정이 난 겁니다! 시장의 자유로운 경쟁 질서를 약화시킬 수 있다는 우려에서였죠.

지금 생각해봐도 어떻게 그럴 수 있었나 싶어요. 거의 불가능에 가까운 일이었는데 말이죠. 제가 사무실에 걸어놓고 늘 마음에 새기는 글귀가 '자천우지 길무불리 白天佑之 吉無不利'라는 말이에요. '하늘이 돕고 있으니, 사람에게 신실하게 대하면 하늘이 도와 이로운 일(福)만 생긴다'는 뜻이죠. 즉, **평소에 남에게 많이 베풀고 사람에게 신실하게 대하면 많은 사람이 도와줄 것이고, 그러면 하는 일에 큰 힘이 되어 반드시 성공한다는 겁니다.** 저는 회사생활을 하면서 이런 경험들을 자주 했어요. 제가 올바른 일에 진정성을 가지고 최선을 다하면 누군가는 도와주었죠. 이 일을 계기로 개인적으로는 '역시 불가능은 없구나' 하는 자신감과 '올바른 일을 하니 도와주는 사람이 많구나' 하는 믿음이 확고해졌어요.

그리고 직원들의 신뢰도 얻을 수 있었습니다. 저에 대한 우려가 일시에 불식되고, "와, 듣던 대로 권영수구나" 하는 소리도 듣게 되었죠. M&A 건은 저에게도 극복하기 어려운 과제였습니다. 그런데 뜻밖의 쾌거로 직원들이 저를 신뢰하는 계기가 된 거죠. 아마 그 어려움이 없었으면 직원들의 믿음을 얻기까지 시간이 꽤 걸렸을 테고, 유플러스에 연착륙하기도 쉽지 않았을 겁니다. 물론 회장님과의 내기도 저의 완승이었죠. 회장님께서 좋아하시면서 만원짜리 신권으로 100만 원을 주셨는데, 임원들한테 기념으로 하나씩 나눠 주었습니다.

## NATO는 낭비다

제가 다니던 고등학교 교가에 "알면 아는 대로 실행을 하며"라는 구절이 있어요. 제 머릿속에 깊이 남아 있는 말인데, 회사를 다니면서 겪어보니 사람들이 말로만 너무 많은 이야기들을 하더군요. 심지어는 현실성 없어 보이는 이야기들도 막 해요. 그런데 정작 실행해 옮기지 않는 경우가 많았습니다. 그때 'NATO NO Action, Talk Only'가 가장 나쁘다는 걸 깨달았어요. 그건 엄청난 낭비죠. **알면 아는 대로 실행해야지, 말만 하고 행동하지 않으면 그게 무슨 소용이에요. 아무것도 아니죠.**

스스로 머리가 좋다고 생각하는 사람들이 대체로 빠지는 함정이 있어요. 어떤 일을 해보지도 않고 안 되는 이유와 그 일의 어려움에 대해 말만 하는 겁니다. 구자학 회장님께서 자주 쓰셨던 말이 "해봤어? 해봐!"예요. 해보지 않으면 모르는 겁니다.

불가능해 보이는 일이라고 포기해버리면 그냥 실패로 끝나버리죠. 하지만 '안 되면 말고' 하는 자신감을 가지고 용기를 내서 부딪쳐보고, 또 부딪치다 보면 의외로 좋은 결과가 나옵니다. 제가 경험해보니 그렇더군요. 그러니 아무리 어려운 일이라도 해보겠다는 의지를 가지고 실행하는 것이 중요합니다.

# 암행어사를
# 명하다

### 고객 접점에 있는 직원이 중요하다

LG유플러스 부회장에 부임한 지 얼마 안 되었을 때의 일이에요. 집 근처 대리점에 갔다가 B2C의 핵심은 고객과 가장 가까이에 있는 직원이라는 것을 체감한 일이 있어요.

제가 딸, 아들이 있는데, 둘 다 핸드폰은 아이폰에 통신사는 KT였어요. 그래서 "아버지가 LG유플러스 부회장인데 어떻게 할래?" 그랬더니, 아이폰은 포기 못 하고, 통신사는 바꾸겠다고 해요. "그래, 고맙다" 하고는 아들과 함께 집 근처 LG유플러스 대리점에 갔죠. 부임한 지 얼마 안 되었을 때이고, 선글

라스도 써서 저를 알아보지는 못했어요.

영업사원한테 통신사를 바꾸고 싶다고 했더니, 새 핸드폰을 사서 임시로 써야 한다면서 복잡하게 한참 설명해요. 결론은 KT에서 LG유플러스로 바꾸려면 새 핸드폰을 사서 개통했다가 다시 기존 핸드폰으로 기기 변경을 해야 한다는 겁니다. 기존 핸드폰으로는 바로 통신사 변경이 안 된다면서 말이죠. 일단 알겠다고 하고 나와서 영업 총책을 맡고 있는 부사장한테 전화했죠.

"이게 말이 됩니까? 타 통신사에서 우리 통신사로 옮긴다고 하면 바로 해주면 되지, 무슨 핸드폰을 하나 더 사야 해요. 좀 알아보세요."

부사장이 듣더니, "잘못된 거 같습니다" 그래요.

알아보니까 대리점에서 일하는 영업사원들은 고객한테 뭐든 많이 팔고, 불필요하게 고가 요금제를 권유해야 자기한테 더 많은 수당이 떨어지는 시스템이었어요. 게다가 대부분이 아르바이트생이었죠. 그때 딱 느낌이 오더군요. '아, 이걸 해결하지 않으면 큰일이다.'

고객과 가장 가까이에 있는 직원이 얼마나 중요한지 깨닫게 된 계기였습니다. 그리고 그들의 애사심에 따라 회사의 명운이 바뀐다는 것도 말이죠. 이게 B2C와 B2B의 큰 차이였어요.

우선 취한 조치는 대리점의 영업사원들을 정사원들로 전환하는 것이었어요. 이 과정에서 일부는 어쩔 수 없이 회사를 떠나야 했습니다. 처음에는 '그들이 빠지면 영업이 안 된다'면서 난리가 났죠. 그래서 제가 그랬습니다.

"물론 그분들이 도움이 되겠지만, 마이너스도 많아요. 나는 마이너스가 더 많다고 봅니다. 그분들은 임시직이기 때문에 성과급이 안 나와요. 오로지 자기들이 일하는 동안에 고객한테서 이익을 취할 수밖에 없는 구조죠. 그러면 언제 잘릴지도 모르는데 고객한테 바가지 씌워서 돈을 더 벌 생각을 하지 않겠어요? 아마 저라도 그럴 겁니다."

그래서 1년에 걸쳐 전국에 있는 영업사원들 가운데 열심히 하는 분들은 정사원으로 전환하고, 나머지는 정리했습니다. 그리고 정사원들이 애사심을 갖고 열심히 일할 수 있도록 최선을 다해서 잘해주어야겠다고 생각했죠.

### 현장의 목소리를 경청해야

그래서 LG디스플레이 때 함께 일한 '즐거운 직장' 팀장 중에 한 명을 다시 불렀어요.

"이제부터 당신이 할 일은 전국을 돌면서 가장 말단에 있는 직원들의 애로사항을 듣는 겁니다."

직원들이 어떤 생각을 갖고 있고, 애로사항이 무엇인지 듣는 것부터 시작한 거죠. 이게 LG유플러스에 가서 처음 했던 일이에요. 그러고는 전국의 직원들이 겪는 고충들을 보고받는 대로 담당 임원들에게 해결하도록 지시하고, 근무환경도 바꿔주는 등 고객 접점에 있는 직원들이 최상의 조건으로 일할 수 있도록 만들었어요. 저도 현장에 자주 가서 직원들의 이야기를 듣고, 문제점들을 하나하나 해결해주었죠. 그때 제가 했던 말이 '나와 가장 멀리 떨어져 있는 사람이 가장 행복한 회사를 만드는 것'이었습니다.

"저와 가까이에 있는 사람들은 저와 같이 있다는 이유에서라도 행복할 수 있습니다. 그래서 그분들이 행복하도록 노력하는 것보다는 저와 가장 멀리 떨어져 있고, 고객과 가장 가까이에 있는 직원들이 가장 행복한 회사를 만드는 게 제가 하고 싶은 일입니다."

그렇게 노력하다 보니 현장에 있는 직원들의 사기가 쫙 올라갔어요. CEO 얼굴 한번 보기 힘들었는데, 새로운 CEO가 찾아와서 자신들의 이야기에 귀 기울이고 문제점들도 해결해주니, 일하지 말라고 해도 열심히 하는 거죠.

그리고 한 가지 더 한 일이 '암행어사'를 임명한 것이에요. 그때도 계속 코칭은 하고 있었는데, 부회장이 되니까 임원들이 부담스러워서 저에 대해 선뜻 말하지 못하더군요. 코칭만으로는 임원들의 생각을 정확하게 파악하기 어려웠죠. 그래서 아무도 모르게 암행어사를 임명했어요. 그래야 임원들의 솔직한 이야기를 들을 수 있겠더라고요. 임원 중에 한 분을 엄선해서 당부했습니다.

**"이제부터 나에 대한 임원들의 생각을 전부 전해주세요. 어떤 소리를 전하든지 불이익받는 일은 절대 없을 테니, 부담 갖지 말고 가감 없이 전해주셔야 합니다."**

그렇게 암행어사의 임무를 띤 임원이 제가 무엇이 부족하고 무엇을 고쳐야 하는지 임원들의 생각을 정기적으로 보고했습니다. 그리고 저는 코칭을 받으며 부족한 건 채워나가고, 잘못된 것은 고쳐나갔습니다.

# 건전한 조직문화가
# 지적 생산성을 높인다

사업마다 아주 결정적인 애로사항이 있는데, LG유플러스에서는 '통신장애'가 문제였어요. 어느 날 부산 지역에서 갑자기 전화가 안 된다 하고, 경인 지역에서 인터넷이 안 된다는 보고가 올라오면, 그때부터 식은땀이 나는 거죠. 통신장애가 발생하면 정부에서 페널티를 받는데, 규정된 시간 안에 복구를 못 하면 엄청나게 세게 받아요. 고객의 컴플레인도 어마어마하죠. '인터넷이 안 돼서 주식 거래를 못 했다' 등등 별의별 민원이 다 들어오고, 민사소송으로까지 이어지는 경우도 많습니다.

그런데 부임하고 얼마 안 되었을 때 통신장애가 발생한 겁니다. 어느 날 퇴근하려는데 같이 있던 임원한테 띠링 하고 문자가 와요. 딱 보더니 "어, 장애네?" 그래요. "장애가 뭐야?" 그랬더니, 네트워크 장비가 다운됐다는 겁니다. 제가 전문가는 아니지만 일단 쫓아 들어갔어요. 시간은 째깍째깍 가는데 원인은 안 밝혀지고, 다들 초조하게 시계만 보고 있었죠. 다행히 규정 시간 내에 복구가 됐는데, 그래도 페널티를 꽤 물어야 했습니다.

원인을 파악해보니, 장비 문제가 아니라 휴먼 에러였습니다. 통신도 장치산업이었는데, 유지·보수 등 인간이 개입하는 부분이 꽤 있었어요. 기계는 거짓말도 못하고 농땡이도 못 치지만, 사람은 농땡이도 치고 실수도 해요. 전날 과음해서 컨디션이 안 좋거나 피곤해서 졸리거나 하면 이거 눌러야 하는데 저거 누를 수도 있고, 짜증나서 엉뚱한 거 잘못 만질 수도 있어요. 실수한 직원한테 왜 그랬냐고 물으면, '아차' 했다고 합니다. 그런데 그런 실수가 조금 있다 또 발생해요. 그게 네트워크 부문이었어요.

그래서 네트워크 부서 직원들과 간담회를 가졌죠. 제 느낌에 이 조직에 뭔가 문제가 있는 듯해서 물었어요. "여러분 부서의 조직문화는 어떻습니까?" 대리쯤 되는 젊은 직원이 대답하기를, "저희는 군대식 문화입니다. 위에서 시키면 시키는 대로 하고요…." 그 소리를 듣는데 띵 하더군요.

'시키면 시키는 대로' 하는 건 인간의 자율성을 무시하는 거죠. 인간은 로봇이 아닌데, 짜증날 수밖에 없어요. 그럴 때 장비를 다루면 실수합니다. 그래서 장비를 다루는 사람들은 특히 더 잘 대해줘야 해요. 보통 조립 공정에서 누군가 잘못하면 '너 여기서 잘못했구나' 탄로가 나요. 그런데 장비를 다루는 데서는 장비가 문제인지 사람이 잘못했는지 알기가 쉽지 않습니다. 그러니까 문제가 발생했을 때 원인 파악도 어렵죠. 애초에 장비를 다루는 사람이 실수하지 않게끔 하는 게 중요해요. 그 가운데 조직문화가 휴먼 에러와 직결된다는 것을 간담회를 통해 알게 된 것이죠.

이때부터 조직문화에 관심을 갖고 자세히 들여다보기 시작했어요. 그리고 심혈을 기울여 '조직문화 핵심 활동 5가지'를 만들어서 2018년에 발표했습니다.


### 상시 '님' 호칭을 통한 수평문화

우선 군대식 문화를 서로 존중하는 수평적 문화로 바꾸기 위해 호칭부터 통일했어요.

"이제부터 부회장, 상무, 팀장 없습니다. 언제 어디서나 '님'으로 부르겠습니다."

그러고는 사원카드의 이름 글씨 크기부터 키웠죠. 이름이 잘 보여야 불러줄 수 있잖아요. 그렇게 사원들은 저를 "권영수 님"이라고 부르고, 저는 사원한테 "아무개 님"이라고 부르기 시작했습니다. 처음에는 다들 어색해했지만 점차 익숙해지더군요. 자연스럽게 서로 존대하는 문화도 만들어졌어요. '아무개 님'이라고 부르면서 반말하는 게 더 어색하잖아요.

그렇게 '님'으로 통일해서 부르니까 묘하게 대등해지더군요. 다른 회사들은 하다가 말았는데 저는 집요하게 끝까지 해서 제가 유플러스를 그만둘 때는 모든 직원들이 자연스럽게 '님'으로 소통했습니다.

## 핵심 업무에 집중하는 보고문화

회의문화도 개선이 필요했어요. 직원들이 자조 섞인 농담으로 "회의하는 데 회의가 든다"는 말이 있을 정도였죠. 직원들이 업무에 집중할 수 있도록 단순 보고를 위한 회의는 '서면보고'

로 대체했습니다.

**보고·회의 자료도 괜스레 보기 좋게 꾸민다고 시간과 노력 낭비하면서 파워포인트로 만들지 말고, 서술형으로 3~4쪽 이내로 작성하라고 했죠.** 이것은 비단 낭비를 막는 것뿐만 아니라 보고자와 피보고자를 만들지 않기 위해서였어요. 파워포인트를 이용해서 자료를 만들면 행간을 읽기 어려워요. 읽는 사람에 따라 해석도 달라져서 보고서 작성자를 앉혀두고 다시 정보를 전달받아야 하죠. 하지만 텍스트로 전달하는 서술형 보고는 참석자 모두 똑같이 이해할 수 있으니, 회의에서는 보고 절차 없이 논의만 할 수 있게 됩니다. 그리고 회의에서는 직급에 상관없이 자유롭게 토론하고 소통해서 반드시 의사결정을 하고 회의를 마치는 문화를 정착시키기 위해 노력했죠.

그런데 이를 위해서는 무엇보다 '심리적 안정감'이 중요하더군요. LG유플러스에 오니까 젊은 직원과 함께 회의하는 경우가 종종 생겼어요. 회의 자리에는 그 일을 가장 잘 아는 사람이 참석하라고 했더니, 어느 때는 대리급이 그 일을 가장 잘 알았던 거죠. 그런데 직원들이 굉장히 부담스러워하는 겁니다. 불안해하는 게 막 느껴져요. 그대로 회의해봤자 별 성과도 없고, 오히려 잘못된 의사결정을 할 수도 있겠다 싶었죠.

유플러스는 회사 특성상 재미있고 창의적인 아이디어들이 많이 필요한데, 직원들이 긴장하고 주눅 들어 있으면, 그런 생각들이 잘 안 나오잖아요. 심리적 안정감이 있어야 엉뚱한 이야기들도 편하게 하고, 편하게 받아들이는 분위기여야 창의적이고 좋은 아이디어들이 샘솟죠.

마음이 불안하고 초조하면 뇌도 경직된다고 해요. 브레인스토밍을 위해 경치 좋은 야외로 나가서 회의하고 그러는 게 심리적으로 편안해지기 위해서잖아요. 그렇다고 매번 밖에 나가서 회의할 수도 없는 노릇이고, 고민하다가 아이스브레이킹의 일환으로 간단한 게임을 하고 회의를 시작했어요. 그러면 분위기도 훨씬 부드러워지고, 직원들도 적극적으로 회의에 참여하게 되더군요. 그때 제가 자주 했던 게 3·6·9게임이에요. 세 사람이 걸릴 때까지 했는데, 하다 보면 깔깔깔 웃고, 분위기가 확 살아나니까 회의하면서도 스스럼없이 이야기하고 재미있는 생각들도 많이 오갔죠. 게임에서 걸린 사람들한테 1만 원씩 걷어두었다가 연말에 좋은 일에 보태기도 했습니다.

## 건강하고 즐거운 회식문화

또 하나 기억나는 것은 회식문화를 바꾼 거예요. 제가 보니까, 팀장이나 임원이 저녁 5시쯤 되어서 "오늘 별일 없으면 회식이나 하지?" 그래요. 그러면 직원들은 환장하는 거죠. 약속이 있어도 약속 있다는 말도 못 하고 끌려가요. 게다가 밥만 먹고 끝나면 좋은데, 상사가 "오늘 기분 좋은데 노래방이나 갈까?" 그러면 노래방까지 끌려가요. 직원들은 괴로워 죽습니다.

그래서 딱 정했어요. **'월요일, 수요일, 금요일 회식 금지.' 고객과 만나는 건 당연히 되지만, 회사 내 직원들끼리 회식은 할 수 없게 원천봉쇄한 거죠.** 그러니까 직원들이 정말 좋아하더군요. 그날은 마음 편히 약속도 잡고, 퇴근 후에는 그야말로 자기만의 시간이니 얼마나 행복하겠어요. 이 조치를 하면서 회사에서 돈을 쓴 것은 없어요. 그런데도 직원들을 행복하게 해줄 수 있으니 얼마나 좋아요.

그리고 수요일은 '스마트 워킹 데이'라고 해서 집중적으로 일하고 5시에 퇴근하는 날로 만들었어요. 이날은 말 그대로 스마트하게 일하는 겁니다. 괜히 담배 피우고, 커피 마시지 말고, 집중해서 일하는 대신 일찍 퇴근하는 거죠. 그리고 5시가 되면 무조건 내보냈어요. 제 핸드폰으로 사무실을 볼 수 있었거든요. 5시 넘었는데 사무실에 누가 남아 있으면 '왜 안 나가냐, 나가라' 하고 내보냈죠.

## 감사가 넘치는 긍정문화

경직된 조직에서 가장 듣기 힘든 두 마디가 "고맙습니다"와 "잘했습니다"라고 해요. 그러면 '감사'와 '칭찬'이 넘치는 긍정적인 문화는 어떻게 만들까요? 가장 기본은 '감사'더군요. **감사함이 바탕이 되어야만 경청과 배려가 마음에서 우러나와 칭찬의 말도 자연스럽게 나올 수 있더라고요.**

감사는 과거에 대한 이해와 현재의 평화, 미래에 희망을 줍니다. 미국 토크쇼의 여왕 오프라 윈프리는 하루도 빠지지 않고 '감사일기'를 썼다고 하죠. 한때 지옥 같은 삶을 살았던 그는 지금 사람들이 인생에서 가장 얻고 싶어 하는 인기, 존경, 돈을 모두 가진 여성이 되었습니다. 그는 하루 동안 일어난 일들 중 감사한 일 5가지를 매일 일기에 기록했답니다. 그 내용도 거창하거나 화려하지 않고 지극히 일상적이었죠. "오늘도 거뜬하게 잠자리에서 일어날 수 있어서 감사합니다", "끼니를 거르지 않고 삼시 세끼를 먹을 수 있어서 감사합니다", "좋은 책을 읽었는데 그 책을 써준 작가에게 감사합니다…."

그렇게 감사하는 마음을 갖기 시작하면서 마음가짐이 달라졌고, 일상이 달라졌고, 인생이 달라졌다고 말합니다.

"감사하게 되면 내가 처한 상황을 객관적으로 멀리서 바라보게 되고, 어떤 상황이라도 바꿀 수 있게 된다. 감사한 마음을 가지면 당신의 주파수가 변하고, 부정적 에너지가 긍정적 에너지로 바뀐다. 감사하는 것이야말로 당신의 일상을 바꿀 수 있는 가장 빠르고 쉬우며 강력한 방법이다."

저도 잠자리에 들기 전 그날 하루 감사해야 할 것들을 생각하곤 하는데, 더 나아가서 '나에게 감사하다는 말을 전해온 분들'을 생각합니다. '아, 나로 인해서 오늘 누군가 행복했구나' 하는 마음이 들면 보람도 되고, 더욱 행복해집니다.


### 이웃에게 사랑을 전하는 나눔문화

저는 CEO가 된 이후로 봉사활동을 적극 장려했어요. 봉사활동 자체가 좋은 일이기 때문이기도 하지만, 봉사활동을 통해서 자기 자신을 돌아보는 기회를 갖기 때문이기도 했어요. 봉사활동을 다녀온 직원들이 이구동성으로 하는 말이 "감사합니다"였습니다.

    LG디스플레이 때 일인데, 해외봉사를 다녀온 직원들과 함께 식사하는 자리였어요. 한 친구가 느닷없이 흐느끼더니 고백하는 겁니다. 사실은 자기가 고아인데, 이제까지는 그 사실을 숨기고 살았답니다. 그런데 그게 그렇게 괴로웠다는군요. 명절이면 다들 가족 만나러 고향에 내려가는데 자기는 갈 데도 없고, 주변에서 물으면 거짓말해야 하는 처지가 서럽고 억울했대요. 그렇게 살다가 이번에 해외봉사를 하면서 '아, 나는 행복한 사람이구나. 감사하다'고 느꼈다고 해요.

    "사장님, 진짜 고맙습니다. 그동안 제가 너무 배부른 고민을 했어요. 직장 번듯하고, 제 몸 건강하고, 삼시 세끼 잘 먹고 따뜻한 집에서 잘 살고 있는데, 뭐 부끄러운 일이라고 고아라는 사실을 숨기면서 쩔쩔맸나 싶어요. 이참에 털어놓으니 정말 후련합니다. 감사합니다."

    비단 그 친구뿐만 아니라 봉사활동을 다녀온 직원들은 하나같이 '자신이 이렇게 행복한 삶을 살고 있었는지 진짜 몰랐다'면서 감사하다고 말합니다. 그러면서 저도 깨달았죠. 봉사활동을 열심히 하면 직원들이 감사하는 마음을 갖게 되고, 그게 결국 직원들의 행복으로 이어진다는 것을요. 그때부터 직원들이 봉사활동을 잘할 수 있게 회사 차원에서도 많은 지원을 했습니다.

LG유플러스에 와서는 조금 더 나아가서 사회공헌 활동에도 힘을 보탰죠. 그 가운데 기억나는 일이 농협과 함께 한 '말동무 서비스'예요. 농촌에 혼자 사시는 어르신들에게 전화를 드려서 "어르신, 잘 계셨어요? 오늘은 뭐 하셨어요? 점심 뭐 드셨어요? 날씨 좋은데 뭐 좀 하세요" 등등 정기적으로 안부도 여쭙고 대화도 나누었는데, 어르신들이 참 좋아하셨어요.

덕분에 제가 명예 이장도 할 수 있었죠. 우리 마을이 강원도 영월군 무릉도원면 운학리였는데, '구름에 학이 내려앉는 마을'이에요. 시간이 날 때면 마을에 찾아가서 주민 분들과 이야기도 나누고, 도와드릴 일이 있으면 도왔죠. 핸드폰으로 마을에 안내 방송할 수 있는 마을방송 시스템도 만들고, 마을회관에 '아이들나라' 서비스를 설치해 아이들이 학습 콘텐츠를 마음껏 이용할 수 있게 지원도 했어요. 또 마을주민 중에 할머니 한 분이 산중턱에 사셨는데, 차로 가기도 힘들어서 아주 불편하게 생활하셨어요. 저희가 드론을 띄워서 생필품을 전달해드렸던 일이 기억에 많이 남습니다. 젊은 사람들이 떠난 농촌에서 어르신들만 남아 외롭게 사시는데, 조금이나마 도움을 드린 듯해서 보람도 있었고, 행복했습니다.

    봉사활동을 통해 생기는 감사하는 마음은 정신적, 육체적으로 가장 좋은 보약이라고 해요. 매사 감사하는 마음으로 "고맙습니다"라는 말을 많이 쓰면 행복해진다는군요. 회사도 결국 사람들이 모여 일하는 조직이에요. 서로 격려하고 배려하고 칭찬이 넘칠수록 '할 수 있다'는 자신감과 긍정적인 문화가 정착될 수 있습니다. 그리고 직원들 하나하나가 감사하는 마음으로 열정을 갖고 신바람 나게 일할 때 자연스럽게 '아침에 일어나면 달려가고 싶은 회사'를 만들 수 있어요. 이렇게 유플러스에서 했던 조직문화 핵심 활동 5가지를 LG에너지솔루션에 가서는 핵심 활동 6가지로 더욱 발전시켰습니다.

## 2018년 LG유플러스 조직문화 핵심 활동 5가지

**1. 상시 '님' 호칭을 통한 수평문화**
 - 직급과 무관하게 언제 어디서나 '님'으로 호칭

**2. 핵심 업무에 집중하는 보고문화**
 - 서술형 작성(메인 1장+유첨 최대 2장)
 - 간단한 보고는 문자보고

**3. 건강하고 즐거운 회식문화**
 - 월, 수, 금 회식금지
 - 화, 목 회식은 119 원칙(1차, 1가지 주종, 9시 전까지)

**4. 감사가 넘치는 긍정문화**
 - 111감사플러스(1일, 1인, 1감사)

**5. 이웃에게 사랑을 전하는 나눔문화**
 - 월 1회 금요일 오후(14:00~18:00) 유플러스 봉사활동 권장
  (연간 유급 봉사 8시간 활용)

# 어떤 문제든 누군가는
# 고민해봤을 것이다

**직원들에게 배움의 기회를 만들어주다**
"해외출장을 가보고 싶어요. 다른 계열사 동기들은 해외출장도 자주 가는데, 저희는 내수기업이어서 기회가 없습니다."

 직원들의 이런저런 애로사항을 듣던 중 젊은 직원이 한 말입니다. 우리 그룹 대부분이 수출하는 회사인데, 유플러스가 거의 유일하게 내수만 하는 회사예요. 그러다 보니 직원들이 좀 처져 있었죠. '우리는 해외출장도 못 가보는 우물 안 개구리다. 다른 계열사 동기들은 미국 갔다 왔다, 유럽 갔다 왔다 그러는데 우리는 광주 갔다 왔다, 대전 갔다 왔다 그러고, 비행기

타봤냐? 그러면 무슨 비행기를 타, 고속버스 타고 왔다' 등등 여러 가지로 주눅이 들어 있었어요.

그래서 생각해봤어요. '해외출장을 왜 가지?' 저도 수없이 해외출장을 다녔는데, 보통은 영업하러 갔죠. 그런데 유플러스는 국내에서밖에 영업을 못 하니 갈 기회가 없어요. 그때 번뜩 떠오른 생각이 있습니다.

**'아, 해외 통신사를 벤치마킹하면 우리한테 큰 도움이 되겠구나.'**

해외투자실에서 근무할 때 영국 공장 부지를 찾으러 다니다가 문득 깨달았던 것과 비슷해요. 통신사업은 특이해서 우리가 일본 가서 사업을 못 하고, 일본도 우리나라에서 사업을 못 해요. 미국도 마찬가지고, 유럽도 똑같습니다. 그 나라 회사의 통신사만 자국에서 사업할 수 있어요. 달리 생각하면, 외국에 있는 통신사들은 우리와 절대 경쟁관계가 아닌 거예요. 유수의 해외 통신사들과 관계를 잘만 맺으면 어마어마한 노하우를 쉽게 배울 수 있겠더군요.

그래서 직접 상황을 파악하러 외국 통신사들을 둘러보러 나갔어요. 중국의 차이나모바일, 차이나텔레콤도 가서 보고, 일본의 KDDI, 소프트뱅크, 미국의 버라이즌, T모바일, 유럽의 보다폰, 도이체텔레콤 등을 쫙 둘러보았죠. 직접 가서 보니 '아, 이거다' 싶었어요.

그때부터 해외 통신사들과 전략적 파트너십을 맺었습니다. 특히 일본 KDDI하고 굉장히 가깝게 지냈는데, 그 회사 CEO가 저와 나이가 같아서 빠르게 친해지고 '절친'이 되었죠. 당시 미국에서 가장 잘나가던 회사가 T모바일이었는데, 아주 약진하더라고요. 유럽에서는 보다폰이 압도적으로 1등을 하고 있었고요. 이 세 회사를 집중적으로 스터디하고, 저도 그 회사 CEO들과 굉장히 좋은 관계를 맺어놓았어요. 제가 잘할 수 있는 걸 한 거죠.

### "이 일을 제일 잘하는 통신사가 어디예요?"

그렇게 준비를 해놓고 직원들을 해외로 계속 내보냈어요.

"이제, 궁금한 거 있으면 책상에 앉아서 끙끙거리지 말고 나가세요. **우리가 고민하는 건 해외 통신사가 이미 다 했을 겁니다. 아마 우리가 하는 고민 중 90% 이상은 다 해봤을 거예요. 어쩌면 99%일 수도 있어요. 그러니 앉아서 고민하지 말고 나가세요.**"

그때부터 직원들이 어떤 일을 갖고 오면 "이 일을 제일 잘하는 통신사가 어디예요?" 물었어요. 그러면 직원들이 여기저기 찾아보고 어디가 잘한다고 답변을 가져와요. 그럼, 내보내는 거예요.

"내가 능력이 없는 대신 여러분들이 벤치마킹할 수 있는 회사들을 다 정해놓고, 그들이 도와줄 수 있는 여건도 만들어놨으니 얼마든지 나가서 배우세요."

어떤 일을 하든 본인이 갖고 있는 역량만으로는 좋은 성과를 낼 수 없는 시대예요. **보다폰에는 아예 5:5 원칙이 있다고 하죠. '어떤 문제이든 우리 조직 내에서 누군가는 고민해봤을 것이다.** 조직 내에서 동일한 고민을 했던 사람이 있는지 찾아봐야 한다'는 원칙이라는군요. 지금은 보다폰의 5:5 원칙도 옛이야기고, 8:2, 9:1까지 벤치마킹해야 해요. 이를 통해 배울 것은 배우고, 취할 것은 철저하게 취하는 한편, 나머지 20%, 10%는 우리만의 강점, 무기를 만들어야 하는 것이죠.

해외에 나가게 되니까 직원들이 아주 신났어요. 해외 통신사에 가면 친절하게 대해주지, 밥도 사주지…. 통신사들이 돈이 많아요. 그러면서 직원들의 역량이 급격히 성장했죠. 계열사 동기들에게 주눅 들었던 어깨도 으쓱 올라가고, 기도 살아서 회사 분위기도 훨씬 밝아졌습니다. 덕분에 저도 직원들에게 고맙다는 말을 듣게 되었죠.

### 고객의 페인포인트를 없애다

미국에서 아주 빠른 속도로 약진하던 T모바일에 그 비결을 물어본 적이 있어요. 그들은 아주 명확하더군요. '고객들의 페인포인트를 끊임없이 해결하니 시장 점유율이 급격하게 올라갔다'는 겁니다.

'아, 그렇지' 싶어서 우리 고객들의 불편사항을 들여다보기 시작했습니다. 그 가운데 제일 불편한 게 통신사가 사용하는 용어가 너무 어려운 것이었어요. 나름 고학력자인 저도 이해하기 힘들 정도였죠. 그래서 **'고객언어 혁신팀'을 만들고, 작가들과도 별도로 계약을 맺어서 고객에게 전달하는 모든 언어를 가장 쉬운 말로 바꾸었어요.** 작가들한테 "이 말이 이해가 됩니까? 안 되죠. 이해 안 되는 모든 용어를 쉬운 말로 고쳐주세요"라고 했죠. 이밖에도 고객 불편사항들이 한두 가지가 아니었는데, 끊임없이 고쳐나갔어요.

그때 제가 했던 말이 '드림 마케팅'이었습니다. 마케팅 관련

용어에 4P(Product, Price, Place, Promotion)가 있는데, 우리는 여기에 하나를 더하자는 거였어요. 바로 'Person(고객)'이었죠. 드림 마케팅은 진정성 있게 고객을 위하는 마음으로 고객을 감동시키고 마음을 얻어서 마케팅을 성공으로 이끌자는 뜻이었어요.

## 평소에 좋은 일
## 많이 하세요

### 사업의 본질을 생각하다

LG유플러스에 오자마자 SK텔레콤 인수합병 저지, 직원들의 해외 통신사 벤치마킹 여건 마련 등 급한 불을 끄고 나니 여유가 좀 생겼어요. 그때부터 회사의 미래에 대해 고민하기 시작했습니다. '앞으로 유플러스가 준비해야 될 게 뭐냐.' 저는 새로운 회사에 가면 먼저 그 사업의 본질부터 파악합니다. 통신회사는 어마어마한 고객 데이터를 갖고 있어요. 과거 어느 회사에서도 경험하지 못한 엄청난 양의 데이터였죠. LG디스플레이 때 생각이 딱 나더군요. 그때 이미 빅데이터의 중요성을 경험했잖아요. 이곳에서는 빅데이터와 인공지능(Artificial Intelligence, AI)을 접목하면 되겠다 싶었어요. '이게, 유플러스의 미래다' 하는 확신이 섰습니다.

### 아마존과의 협상 실패

그런데 경쟁사들은 이미 AI를 시작한 지 꽤 되었더라고요. 우리만 전혀 안 되어 있었던 거죠. 당시 AI 전문가가 회사에 한 명도 없었어요.

'야, 큰일 났다. 미래에 대한 준비를 너무 안 했구나. 42.195킬로미터를 달려야 하는데, 경쟁사들은 이미 10킬로미터 앞에 가 있고, 우리는 이제 출발하니 어쩌나. 그렇다고 우리가 기초체력이 좋은 것도 아니고. 어떻게 따라 잡아야 하나. 그래, 도움을 받자.'

그러고는 AI를 잘하는 글로벌 기업들의 목록을 추려봤더니, 아마존이 딱 눈에 들어온 겁니다. 아마존의 CEO인 제프 베이조스와 잘 아는 사이였으니까, 그의 도움을 받으면 되겠다 싶었죠.

제프 베이조스를 처음 만난 건 LG디스플레이 때예요. 아마존이 당시에 전자책 사업을 하고 있었는데, 전자책 디바이스인 '킨들'에 들어갈 디스플레이 화면을 공급받기 위해 애쓰고 있었죠. 그때만 해도 아마존에 별로 관심이 없었는데, 베이조스가 꼭 한번 미팅을 하고 싶대서 일단 만났어요. 그런데 미팅을 마치고 단둘이 남았을 때 이런 말을 하더군요.

"YS, 저에게는 꿈이 있습니다. 제 꿈은 스티브 잡스보다 더 성공한 사람이 되는 겁니다. 도와주세요."

진지하게 그 말을 하는데 내심 놀랐어요. 그 꿈이 너무 명확하고 진심이 느껴져서 도와줄 수밖에 없겠더라고요.

그렇게 도와준 것도 있고 친분도 있으니 잘되지 않을까 하는 마음으로 메일을 보냈어요. '여차저차해서 내가 통신사에 와 있는데, 우리가 AI에 너무 취약해서 당신네 엔진을 썼으면 좋겠다. 한국에서 아마존의 AI 엔진을 가지고 사업할 수 있도록 허용해달라.'

아마존에서 허락만 해주면 우리 실력이 일시에 확 올라갈 수 있고, 그거 아니면 달리 방법도 없어서 사활을 걸었습니다. 회사에서 아주 똑똑한 임원인 현준용 전무를 협상자로 선발해서 아마존 본사가 있는 미국 시애틀로 보냈어요. 처음에는 협상이 잘 진행되었습니다. 그러던 어느 날 담당 임원이 얼굴이 노래져서 제 방으로 들어왔어요.

"현 전무, 무슨 일이에요?"

"정말 죄송합니다. 그쪽에서 연락이 왔는데, 못 도와주겠답니다."

아마존의 이야기인즉슨, 자기들도 협업을 하려면 자본을 투입해야 하는데, 한국은 우선순위가 낮아서 현재로서는 여력이 안 된다는 겁니다. 미안하지만 이번 협업은 불가능하다는 것이었어요. 그거 하나만 믿고 있었는데…. 베이조스하고 친분이 있으니까 잘될 거라고 안일하게 생각했던 제 탓이죠. 담당 임원도 계속 잘될 거라고 하다가 막상 이렇게 되니 할 말이 없었죠. 그 순간이 지금도 생생해요.

## 평소에 좋은 일 많이 하셨어요?

"현 전무, 평소에 좋은 일 많이 했어요?"

뜬금없이 이렇게 물으니까 담당 임원이 뭔 소린가 하는 표정을 짓더군요. 그러더니 "뭐 그리 나쁜 일을 한 적은 없는 듯한데…, 착하게 살았던 것 같습니다" 그래요.

"우리가 골프를 치다 보면 잘못 쳐서 OB(Out of Bound, 경계선 밖으로 공이 나감)가 날 때가 있잖아요. 그런데 OB가 난 볼이 나무나 돌을 맞고 경계선 안으로 들어오는 경우가 가끔 있어요. 그럴 때 '야, 너 평소에 좋은 일 많이 했나 보다' 그러죠. 살다 보면 뜻하지 않게 어려운 처지에 놓일 때가 있어요. 그런데 평소에 좋은 일, 옳은 일을 많이 했으면 OB로 끝나지는 않을 겁니다. **나도 평소에 좋은 일 많이 했고, 당신도 좋은 일 많이 했으니 너무 걱정하지 말고 기다려봅시다."**

위로할 수밖에 없었어요. 그분이 최선을 다한 걸 잘 알고 있었고, 제 탓도 좀 있었잖아요. 그러고는 시간이 좀 지나 마음이 진정된 다음에 다시 불러서 물었어요. "현 전무, 대안이 뭐요? 아마존 말고는 아예 없어요?" 다행히 그렇지는 않다면서 현실적으로 가능한 대안은 '네이버'라고 해요. 당시 네이버도 AI 쪽에서 굉장히 앞서 있었어요.

"아, 그래요. 그럼 네이버하고 하면 되잖아요."

"네이버는 이미 경쟁사와 관계가 너무 좋아서 우리가 붙어봐야 안 될 겁니다."

그래서 제가 "해봤어요? 해봅시다" 했죠. 저는 가능성이 아예 없다고 생각하지 않았거든요. 왜냐하면 **대체적으로 1등들이 빠지는 함정이 있어요. 바로 자만심과 거만함이에요.** 그러다 보면 협력관계가 그리 매끄럽지 못하게 되죠.

'어쩌면 네이버도 불편한 마음을 갖고 있을지 몰라. 그 불편함을 파고들자. 우리는 철저히 겸손하게 협력 모드로 가자. 그러면 그들이 마음을 바꿀지도 모른다.'

이게 제 전략이었어요. 저도 이제 나서야 할 때가 되어서 당시 네이버 대표였던 한성숙 현 중소벤처기업부 장관을 만나서 간곡히 설득했죠. "AI의 중요성이 너무 큰데, 우리가 준비를 너무 안 했습니다. 당신들과 협력하면 최선을 다해서 반드시 성공시킬 겁니다. 우리에게 AI는 미래 핵심 전략이기 때문에 그 어느 곳보다 열정과 관심이 드높습니다." 결국 네이버와 협업하게 되었어요.

### AI 인재를 모으다

그러고는 우리 회사에서도 인재들을 모으기 시작했죠. 우선 빅데이터를 분석할 수 있는 사람부터 모았어요. 그다음에 빅데이터를 가지고 AI를 할 수 있는 사람을 확보하는 게 두 번째 단계였어요. 빅데이터 분석은 과거에 같이 일했던 사람들을 모아서 할 수 있었는데, AI 쪽 인재는 내부에 없었어요. 외부에서 채용해야겠다고 판단하고 당시 최고 전문가를 삼고초려 끝에 영입했죠.

"와서 같이 합시다" 그랬더니 이분이 AI를 어떤 식으로 하려느냐고 물어요. AI에 대해 갖고 있던 제 생각을 진솔하게 이야기했죠. "우리가 섣부르게 AI의 코어기술을 개발하는 건 안 맞는다고 본다. 그 코어기술을 잘 활용해서 사업에 응용하는 쪽으로 가야 된다고 생각한다." 그랬더니 자기도 같은 생각이라고 해요. 당시에 이미 아마존, 구글 등의 AI 코어기술이 어마어마하게 발달해 있어서 그걸 따라가는 건 사실상 불가능했어요. 다만 그 기술을 가지고 AI를 활용할 수 있는 여러 가지 것들을 우리 사업에 맞게 고민하는 것이 합리적이라고 판단했죠. 그렇게 뜻을 같이해 합류하고, 그분이 사람들을 더 불러 모아서 본격적으로 AI를 시작했습니다.

당시 LG유플러스에서 진행한 AI 활용 사례를 몇 가지 이야기하면, 우선 DBM<sup>Data Base Marketing</sup> 활동이 있어요. 빅데이터 분석을 바탕으로 고객의 이용 패턴에 따른 혜택을 안내해주는 활동이에요. '이분은 나이가 많고, 질문하는 걸 들어보면 데이터를 그다지 안 쓸 것 같으니 싼 요금제를 추천하는 게 좋겠다'든지, '이분은 어마어마한 데이터가 필요하다' 등등 고객의 데이터를 분석해서 그 사람한테 가장 적합한 상품을 제안하는 것이죠.

또 하나는 해지방어 시스템인데, 고객이 뭔가 불만이 있어서 통신사를 바꾸려는 조짐을 미리 캐치해서 해지를 예방하는 겁니다. 고객이 이러이러한 행동을 할 때는 떠나려고 마음먹은 것이다, 이런 조짐이 보이면 해당 고객한테 전화해서 어떤 불만사항이 있는지 물어보고 해결해서 해지를 예방하는 것이죠. 그리고 고객의 소리를 데이터화Speech To Text하는 시스템을 구측해서 고객의 페인포인트를 신속히 발굴·개선하는 일도 가능해졌습니다.

네이버와의 제휴도 성공적이었어요. 네이버의 AI 플랫폼과 유플러스의 홈서비스가 만나서 새로운 기능을 탑재한 'U+우리집AI' 서비스를 만들 수 있었죠.

경쟁사의 고객을 뺏어 오는 건 쉬운 일이 아니에요. 하지만 꾸준한 활동을 통해서 서서히 마켓셰어를 늘려가는 결과를 얻었습니다. 그러면서 제가 AI의 중요성을 100% 인식하게 되었어요.

# 콘텐츠 차별화로
# 승부수를 던지다

**넷플릭스와 독점 제휴를 맺다**

통신사업은 정부가 모든 걸 다 통제하는 규제산업이에요. 그러다 보니 4P 중 세 가지, 즉 제품, 가격, 유통이 똑같아서 차별화가 쉽지 않습니다. SK텔레콤이나 KT나 LG유플러스나 애플폰, 삼성폰, LG폰을 똑같이 팔고, 요금제도 정부에서 정해주고, 유통도 뻔해요. 결국 광고 전략만 달리할 수 있다 보니, 비싼 모델 써서 광고하는 등 프로모션에만 집중하더군요.

    그게 저는 좀 갑갑했어요. 뭔가 다르게 차별화할 만한 게 없을까 고민했죠. 그때 생각한 게 콘텐츠예요. 콘텐츠에 승부를 걸어보기로 했죠. 저는 차별화를 고민할 때 고객은 원하는데 경쟁사는 못 하는 것을 항상 생각해요. 마침 넷플릭스가 제 눈에 딱 들어왔습니다. 이 회사와 함께하면 차별화에 성공할 수 있겠구나 싶었죠.

그런데 넷플릭스가 워낙 잘나가다 보니 약간 거만했어요. 한국에 들어오면서 어떤 통신사와도 협력하지 않고 독자적으로 하겠다고 하더군요. '뭐 그런가 보다, 할 수 없지' 했죠. 그런데 사업이 좀 지지부진한 거예요. 지켜보다 전략담당 임원인 김상부 상무에게 엉뚱한 제안을 했습니다.

"넷플릭스가 지지부진한 지금이 타이밍인 것 같다. 어쩌면 이제는 통신사의 도움이 필요할지도 모르니, 접촉해봅시다. 다만, 우리 회사에 독점 공급하는 걸 요구하세요."

그랬더니 김 상무하고 직원들이 난리가 났어요.

"우리가 업계 3등인데, 넷플릭스가 우리한테 독점권을 주겠습니까?"

"그래, 맞아요. 그래도 해봅시다. 꿈도 못 꿔봅니까?"

저는 뭔가 새로운 것에 도전할 때 처음에는 항상 '꿈'이라고 말해요.

"독점권 잡으면 좋잖아요."

"좋죠. 그런데 불가능하잖아요."

"그래, 불가능한 거 알죠. 그래도 한번 해봅시다."

그랬더니 "예" 그러는데, 그때 '예'는 '하겠다'는 뜻이 아니에요. '알아듣겠는데, 불가능합니다'라는 뜻이죠. 얼굴 보면 딱 알죠. 그래도 일단 담당 임원을 넷플릭스로 보냈어요. 그런데 미팅 시간이 지났는데도 연락이 없어요. 전화를 걸었죠.

"김 상무, 어떻게 된 거예요?"

"아무리 생각해도 입이 안 떨어져서 말을 못 했습니다."

"아니, 그 말을 한다고 그 사람들이 당신을 때리겠어요, 욕설을 하겠어요? 미쳤다고는 할 수 있겠죠. 그러면 욕 한번 들으면 되지, 뭘 그래요? 내가 책임질 테니 오늘 꼭 말해요."

그랬더니 "예" 해요. 이번에는 알겠다는 동의의 뜻이에요.

아니나 다를까. 독점권 얘기를 했더니 저쪽에서 기막혀하죠.

"당신들이 지금 꼴찌인데 뭔 독점을 한다고 그러냐. 우리가 독점을 한다손 쳐도 SKT랑 하거나 아니면 통신 3사와 다 하지, 당신 회사와 독점계약은 하지 않겠다."

그때 우리와 해야 할 이유 몇 가지를 준비해서 가져간 게 있는데, 당연히 거절당했죠. 저도 거절당할 거라 생각했어요.

"그래, 다시 전열을 정비하자."

그러고는 다른 직원들을 추가로 투입했어요. 담당 임원이었던 김상부 상무가 굉장히 스마트한 분이에요. 그런데 때로는 무식하게 용감할 필요가 있는데, 똑똑한 분들은 그게 좀 어려워요. 그래서 무식하게 들이댈 수 있는 사람도 투입시키는 등 전력을 보강한 다음에 다시 미팅을 했어요. 그래도 안 되죠. 쉽게 되겠어요. 계속해서 문을 두드렸죠. 열 번 찍어서 안 넘어가는 나무 없다잖아요. 마지막에는 저도 가세했어요. 청사진도 제시하고, 경쟁사와 했을 때보다 우리와 했을 때의 장점 등등을 이야기하며 진지하게 설득했죠. 그랬더니 조금씩 넘어오더라고요. 결론은 성공입니다.

세상에 없는 일이죠. 꼴찌가 넷플릭스와 독점계약을 했다는 게. 그 덕에 LG유플러스가 급부상했어요. 그러니까 경쟁사들이 발칵 뒤집혔죠. '뭐하다가 그걸 놓쳤냐…' 등등. 우리가 쥐도 새도 모르게 했거든요. 김상부 상무와 직원들 덕분에 좋은 결과를 만들어낼 수 있었어요. 감사한 마음입니다.

직원들도 신이 났어요. "와, 그 잘나가는 넷플릭스가 우리하고만 독점제휴 계약을 맺었다!" 그전까지 '우리는 뭐 영원한 3등이야' 하며 주저앉아 있던 친구들이 '아니야, 우리도 1등 할 수 있어'가 되는 거죠. 제가 가서 1등 하자고 그랬거든요.

처음에는 "우리가 언제부터 3등인데 1등을 합니까?" 그랬는데, 자신감이 생기니까 "한번 해볼까"가 된 거죠. 제가 드라이브를 강하게 걸 수 있는 시기가 도래한 겁니다.

### 아이들의 세상에서 기회를 찾다

당시 우리가 내놓은 콘텐츠들의 인기가 상당했어요. 경쟁사들은 자신들이 생각지도 못한 콘텐츠들이 계속 나오니까 아주 당황했죠. 그 첫 번째가 'U+TV 아이들나라'였습니다. 이 기획에는 제 경험도 녹아들어 있어요.

당시 우리 딸이 어린아이 둘을 키우고 있었는데, 무지하게 고생하는 거예요. 집에 손주들이 놀러 오면 저도 10, 20분은 놀아주겠는데 그 이상은 힘들더군요. 사내아이들이다 보니, 집도 아주 난장판이 되었죠. '아, 어떡하지?' 싶어서 TV라도 틀어주려고 하면 우리 딸은 또 못 보게 하더라고요.

그때 생각했어요. '뭔가를 보는 것 자체는 나쁜 게 아니다. 책을 보든 뭘 보든, 보는 건 좋다. 그런데 어린아이들이 책을 보기는 어려우니 TV로 볼 수 있는 유익한 프로그램을 제공해주면 어떨까? 부모들이 아이에게 보여줘도 미안하지 않을 프로그램을 만들어보자. 그러면 아이도 좋고, 부모도 좋고, 손자 손녀를 둔 할아버지 할머니들도 모두 좋을 것이다.'

그렇게 대한민국에서 최고로 좋은 교육프로그램을 만들어보기로 했습니다. 유치원 원장님들을 비롯해서 유아교육과 관계된 분들을 모아서 지혜를 짜냈어요. 소아정신과, 아동학과, 심리학과 박사 및 소아안과 전문의 등 관련 분야 전문가들의 조언도 적극 반영하고 말이죠. 나중에는 연령층을 확대했는데, 초기에는 3~5세 아이들에게 딱 좋은 프로그램을 심혈을 기울여 만들었습니다. 그렇게 탄생한 게 '아이들나라'예요.

아이들나라 프로모션할 때 우리 직원들이 엄청 고생했어요. 유아 관련 박람회들을 일일이 찾아다니면서 부스 만들어놓고 홍보를 며칠 내내 했죠. 그런데 고객들 반응이 너무 좋으니까 힘이 들어도 힘이 난다고 해요. 한번은 직원들을 응원하러 코엑스 유아박람회장을 찾아갔는데, 직원이 하는 말이 "4일 내내 고객과 상담하고 집에 갈 때는 너무나 피곤하고 힘들었는데, 아침에 일어나면 언제 그랬냐는 듯 빨리 가서 또 상담하고 싶어요" 그러더군요. 그 마음이 제 마음이었어요.

당시 맘카페 등에서도 인기가 폭발적이었죠. '꼭 필요했던 거다, 유익한 걸 만들어줘서 고맙다' 등등 제가 떠나기 전까지 아이들나라를 보는 사람들이 기하급수적으로 늘었습니다.

두 번째 히트작은 'U+프로야구'였어요. 스마트폰으로 실시간 경기를 시청하면서 경기 관련 정보도 찾아보고, 중계 카메라에서는 안 보여주지만 자기가 좋아하는 선수의 경기장면을 실시간으로 찾아볼 수 있는 애플리케이션이었어요. 야구 중계를 보면 늘 투수와 타자, 포수 중심으로 보여주잖아요. 그런데 야구장에 가보면 실제로는 엄청나게 많은 카메라를 설치해 놓고 모든 선수의 경기 장면을 다 찍고 있어요. 우리 콘텐츠는 시청자가 옵션을 선택해서 자기가 보고 싶은 선수들의 장면을 볼 수 있게 만들어준 것이죠. 야구팬들의 찬사가 쏟아졌어요.

그다음에 한 게 'U+골프'였는데, 짧은 시간 안에 골프팬들 사이에 입소문이 나서 인기를 끌었어요. 골프 콘텐츠를 만들 때는 카메라를 별도로 준비하고 해설자도 따로 붙였어요. 모든 선수를 찍지는 못하고 순위권 안에 들어오지는 못하지만 관심이 있을 만한 선수를 쫓아다니면서 경기 장면을 보여주었죠. 골프팬들은 좋죠. 중계되는 선수 보다가 자기가 관심 있는 선수도 찾아서 볼 수 있었으니까요.

## 경쟁사가 못 따라오게 방어막을 치자

제가 우리 직원들한테 항상 했던 이야기가 있어요. '1등이 되려면 경쟁사가 못 따라오게끔 방어막을 쳐놔야 한다'는 겁니다.

콘텐츠를 개발하면서도 경쟁사가 못 따라오게끔 방어막을 쳐놨는데, 아이들나라 콘텐츠 중에 가장 인기 있었던 게 책 읽어주는 프로그램이었어요. 그래서 저자들하고 계약을 딱 해놨죠. '이 책은 우리한테만 제공한다'고 말이죠. 안 그러면 금방 카피할 수 있으니까요.

프로야구 콘텐츠를 기획할 때도 당시 야구 중계를 해주던 방송사 6곳을 찾아갔어요. 그리고 이 기획은 우리 회사가 제안한 것이니 우리한테만 독점 공급해달라고 했죠. 처음에 3개 방송간 그런다고 해요. 나머지 세 곳은 좀 큰 방송사였는데 안 된다는 겁니다. 저는 항상 그랬죠. "안 되는 게 어디 있어요. 다시 해봐요." 그러니까 또 됐어요. 마지막 한 방송사만 남았는데, 도저히 안 된다는 겁니다. 그래도 또 해보라고 했죠. 젖먹던 힘까지 더 해보라고 말이죠. 그래서 결국 6개 방송사를 다 독점으로 진행했습니다.

그러니까 경쟁사들은 난리가 났죠. 하고 싶어도 방법이 없으니까 발만 동동 구르는 겁니다. 이건 기술적으로 어려운 게 아니었어요. 이미 방송사 카메라들이 경기 장면을 다 찍어놔요. 그걸 LG유플러스만 독점으로 공급받게 만들었던 것이죠.

## 잔정이 든 유플러스

제가 LG유플러스에 있었던 기간은 2년 8개월 정도예요. 여느 통신사 CEO들과 비교하면 짧은 시간이죠. 그런데 그 기간 동안 정말 재미있고 의미 있는 일을 많이 했습니다. 그러면서 직원들과 정도 많이 들었죠. 이게 또 다른 느낌이더군요. LG디스플레이와 LG화학의 직원들과는 어려운 시기를 같이 보냈기 때문에 애틋하고 깊은 정이 들었다면, 유플러스 직원들과는 잔정이 많이 들었어요. 이것저것 하고 싶은 것들을 하면서 직원들하고 많이 소통했죠. 점장들하고도 소통하고, 입사한 지 5~10년 된 주니어보드들하고도 한 달에 한 번은 꼭 만났어요.

막판에는 경쟁사의 큰 대리점 사장들이 우리한테 넘어오겠다고 해서 그 작업을 쫙 하고 있었습니다. 콘텐츠와 유통에서 유리한 고지를 차지하면 어느 순간 순위를 확 뒤집을 수 있겠다 싶었죠. **뒤집을 때는 서서히 하면 안 돼요. 경쟁사가 방심하고 있을 때 기회를 노려서 어느 순간 불시에 확 뒤집어야죠.**

서서히 하다 보면 경쟁사에서 알아차리고 무슨 짓을 할지 모르거든요. 실제로 기회가 있었어요. 제가 CEO로서 마지막으로 그걸 해냈으면 정점을 찍고 회사생활을 마감했을 텐데…. 건강하시던 회장님께서 돌아가시는 바람에 지주회사로 이동하게 되었습니다.

# 지주회사로
# 가다

저는 어느 조직에 가나 '해야 할 일과 하지 말아야 할 일'이 무엇인지부터 살핍니다. 제가 '동네 축구 하지 말자'는 이야기를 자주 해요. 동네 축구는 우르르 공을 따라 가지만, 프로 축구는 자기 포지션이 있어서 자기 앞에 공이 오면 행동하죠. 프로는 자기가 해야 할 일과 하지 말아야 할 일을 확실하게 구분할 수 있어야 합니다.

그런데 지주회사는 사업을 하는 곳이 아니기 때문에 간섭을 할 수밖에 없어요. 그러다 보면 계열사들이 하는 사업들에 일일이 참견할 수도 있겠더군요. 그래서 지주회사에서 제가 해야 할 일이 무엇인지부터 꼼꼼히 살폈죠. 결론은 그룹 차원의 포트폴리오 전략을 수립하는 것이었습니다. 개별 나무가 아닌 숲을 보는 것이 지주회사가 할 일인 것이죠. 그룹 전체를 보아야 알 수 있는 일들이 있거든요.

   계열사 CEO들은 모두 자기가 맡은 사업을 성장시키고 싶어 해요. 자신이 맡고 있는 사업을 축소하거나 정리하고 싶은 CEO가 어디 있겠어요. 하지만 그룹 차원에서는 어떤 사업은 키우고, 어떤 사업은 현상을 유지하고, 또 어떤 사업은 규모를 줄이거나 아예 없애는 것을 결정해야 하죠. 이 일은 그룹 지주회사만이 할 수 있는 고유 권한이자, 단호하게 해내야 하는 의무입니다. 지주회사가 이 과업에 실패해서 현상 유지해야 할 사업에 투자한다거나 성장시켜야 할 사업을 축소한다면 그룹의 미래는 밝지 못하기 때문입니다.

# AI
# 성공 조건

### AI 연구원을 설립하다

제가 지주회사에 와서 보니, 그룹 차원에서 AI를 진두지휘할 조직을 만드는 일이 급선무였어요. AI를 이해하고 활용하는 일이 시대의 과제가 될 게 분명해 보였고, 그러면 어느 기업보다 빨리 준비해야 미래를 선도하는 기업으로 우뚝 설 수 있다고 생각했습니다.

LG전자, LG유플러스, LG생활건강 등에 쌓여 있는 어마어마한 데이터들은 AI의 활용도에 따라 얼마든지 가치를 확장시킬 수 있는 원석들이었어요. 기업을 상대하는 B2B, 고객을 상대하는 B2C도 경쟁력을 높이려면 AI와 접목해야 했죠. 많은 계열사에서 AI와 빅데이터 분석이 필요했습니다.

그래서 AI 연구원을 만들기로 결정했어요. 그룹 차원의 AI 전략을 수립하고, AI를 활용한 비즈니스 모델을 발굴하고, 계열사들의 AI 역량을 높이며, AI를 통해 계열사 사이의 시너지를 창출하려면 꾸준히 일을 진행할 전문가 조직이 필요했기 때문이죠.

2019년부터 준비해 다음 해에 LG AI 연구원을 설립했습니다. AI는 속도전이기도 하니까 서둘렀어요. 배경훈 현 과학기술정보통신부 장관이 당시 우리 AI 연구원 초대 원장이 되었어요. 장관 임명 전까지 AI 연구원장을 맡아 열심히 일했습니다. 해외 유수 대학 출신의 박사들도 연구원으로 많이 채용했어요.

AI 연구원 설립 후 전 계열사에 AI의 중요성을 강조했습니다. 계열사 임직원들도 LG CNS가 개발한 AI 교육 프로그램으로 열심히 공부했죠. AI 연구원 설립은 제가 지주회사에 있으면서 한 일 가운데 가장 보람 있는 것이었습니다.

## AI 성공을 위한 5가지 조건

기업이 AI에서 성공하려면 무엇이 필요할까요? 제 경험에 비추어 정리한 다음의 5가지 성공 조건을 소개해보겠습니다.

**첫째, AI 엔지니어를 데려올 수 있도록 별도의 인사 시스템을 구축하는 겁니다.** 훌륭한 인재 확보를 위해서는 인재 맞춤형 인사 시스템이 필요해요. 제일 좋은 건 별도로 회사를 떼어내는 겁니다. 같은 회사 내에 두 가지 인사 시스템이 돌아가는 게 쉽지 않으니까요. LG AI 연구원처럼 아예 별도 회사를 차리는 거죠.

AI 연구원을 설립할 때 이홍락 현 AI 연구원장을 모셔오기 위해 정말 많은 노력을 했어요. 이런 세계적인 전문가를 영입하려면 기존의 인사 시스템으로는 불가능하고, 파격적인 인사 시스템이 필요해요. 그리고 AI 연구원은 그들만의 세계를 구축할 수 있게 위치도 서울 마곡지구에 뚝 떨어뜨려 놓았습니다. 기존 회사 직원들과 붙여두면 갈등이 일어날 수 있거든요. '배고픈 건 참아도 배 아픈 건 못 참는다'는 말도 있잖아요. 연봉이며 계약조건 때문에 분란이 생기지 않도록 아예 공간을 분리해 사전 차단하는 것이죠. 이게 안 되면 좋은 AI 엔지니어를 확보하기도 쉽지 않고, 확보하더라도 기존 사원들의 불만 때문에 오래 버티지 못하고 나갈 수 있습니다.

**둘째, AI 기술과 비즈니스 영역 둘 다 잘 아는 인재를 육성하는 겁니다.** 비즈니스 영역, 이를테면 마케팅, 제조, R&D, 구매 등 여러 분야에 AI를 접목하려면 AI도 알고 비즈니스 영역의 핵심도 알아야 해요. 그런데 이런 사람을 구하는 건 하늘의 별 따기여서 직접 키울 수밖에 없어요. 육성하는 방법은 두 가지죠. 하나는 AI 엔지니어에게 비즈니스 영역을 공부시키는 방법입니다. 관심 분야를 물어서 마케팅이라고 하면 마케팅 공부를 시켜 AI를 활용할 여건을 만들어주는 것이죠. 또 하나는 비즈니스 영역 전문가가 AI 기술을 공부하는 방법입니다. 저는 두 경우를 다 해봤는데 후자가 더 빠르고 효과도 좋았습니다. 비즈니스는 오랜 경험이 필요한 영역인데, AI 기술은 열심히 공부하면 아주 전문적인 수준은 아니어도 3~4개월이면 어느 정도 수준에는 도달할 수 있거든요.

**셋째, 작지만 빠르게 효과 검증이 가능한 프로젝트부터 시작해야 합니다.** AI를 활용할 때 너무 거창한 것부터 시작하면 실패할 확률이 높아요. 거창한 걸 하려면 데이터가 많아야 하고, 그걸 확보하려면 시간이 오래 걸리기 때문이죠. 그러니까 작은 성공 체험부터 하는 편이 낫습니다.

AI 기술로 작지만 의미 있는 걸 해보라고 말씀드리고 싶어요. 리더는 실무자에게 너무 부담을 주지 않았으면 좋겠습니다. "AI로 한 게 겨우 이거야?" 이런 말을 듣다 보면 실무자는 큰 것만 찾으려 하고 그러다가 난관에 부딪힙니다.

**넷째, 양질의 데이터를 다량 확보하기 위해서는 인내심이 필요하다는 것도 잊으면 안 됩니다.** 조급하게 "아직도 멀었어?" 이러면 곤란해요. 충분히 시간을 주고, 엔지니어들을 초조하게 만들지 말아야 합니다. 때문에 구닥다리 리더십으로는 AI를 성공시키기 힘들어요.

**다섯째, 혁신과 창조를 가능하게 하는 인간존중의 조직문화를 구축하는 것입니다.** 이러한 조직문화는 경청, 배려, 그리고 직원이 가장 중요한 고객이라는 생각을 가지면 만들 수 있습니다.

## AI 성공 조건

1. AI 엔지니어를 위한 별도 인사 시스템을 구축한다.

2. AI 기술과 비즈니스 영역을 둘 다 잘 아는 인재를 육성한다.

3. 작지만 빠르게 효과 검증이 가능한 프로젝트부터 시작한다.

4. 양질의 데이터를 다량 확보하기 위해서는 인내심이 필요하다.

5. 혁신과 창조를 가능하게 하는 인간존중의 조직문화를 구축한다.

# 리콜과
# 스마트 팩토리

### 리콜 문제 해결

지주회사에 있을 때 LG에너지솔루션에서 동시다발적으로 리콜이 발생했어요. 에너지솔루션은 LG화학에서 전지 사업본부를 떼어내서 만든 자회사입니다. 미래의 먹거리인 배터리 사업이 바람 앞에 등불 처지가 된 거죠. 저도 가만히 있을 수 없어서 도와주려고 동분서주했어요. 그런데 구광모 회장께서 에너지솔루션으로 직접 가서 문제를 해결해줬으면 좋겠다고 하시더군요. 저도 어느 정도는 동의했는데 망설여졌습니다. 보통 지주회사 부회장이 되면 그다음은 은퇴하는 게 수순이지 다른 계열사로 가는 일은 없거든요.

 그런데 전지 사업본부에서 저하고 같이 일했던 직원들의 마음이 읽히는 겁니다. 얼마나 불안하고 초조하겠습니까. 슈퍼 갑인 자동차 회사들이 워낙에 짓누르면서 빨리 해결해달라고 아우성치니까 이 친구들이 도움이 절실했죠. 그 상황에서 '나 편하자고 뒤에 물러앉아 있다가 그냥 떠나는 게 맞을까?' 안 되는 거죠. 발등에 떨어진 불을 끄러 에너지솔루션으로 갔습니다.

 일단 가서 한 일은 슈퍼 갑인 자동차 회사와 싸우는 것이었어요. 싸우는 건 제가 많이 해봤잖아요. 리콜은 이미 하는 것으로 결정 났기 때문에 제가 가서 한 일은 리콜 범위를 정하는 것이었죠. 리콜을 1만 대 할 거냐, 2만 대 할 거냐, 어떤 모델을 리콜할 거냐 등을 정하는데 고객은 더 많은 수량과 더 많은 모델의 리콜을 요구해요. 그러면 우리는 '이 모델은 아니지 않냐, 이 모델은 불이 났지만 배터리 문제가 아니라 다른 문제니까 빼야 한다' 등등 엄청나게 다툽니다.

 제너럴 모터스와 담판을 지어야 했는데, 그때도 메리 바라가 CEO였어요. 강하게 맞섰죠.

 "당신들과 비즈니스가 끊어지는 한이 있어도 할 말은 하겠다. 정확하게 따질 건 따지고 공정하게 하자. 어떤 공정치 못한 행위가 발생할 때는 우리가 서플라이어지만 안 참는다."

자동차에 화재가 나면 원인이 애매모호한 부분이 꽤 있습니다. 그러면 자동차 회사는 당연히 배터리 문제라고 강력하게 주장하고, 우리는 배터리 문제가 아니라고 주장하죠. 그런데 고객이 갑이기 때문에 그쪽에서 강하게 나올 수밖에 없어요. 그럼에도 불구하고 철저하게 분석하고, 조사해서 고객이 배터리 문제라고 무리하게 밀어붙이는 것들은 방어해야 해요. 다행히 우리 직원들이 데이터를 가지고 열심히 분석하고 대응해줘서 제너럴 모터스의 무리한 요구를 방어할 수 있었어요. 몇 개월을 엄청나게 다투어서 합의 도출에 성공했습니다.

### 스마트 팩토리로 품질 문제를 해결하자

리콜 사태를 겪으며 배터리 품질 문제를 근원적으로 해결해야겠다고 다짐했습니다. 배터리는 디스플레이에 비해 생산이 훨씬 복잡하고 난이도가 높아요. 배터리 자체가 워낙에 민감한 물질이다 보니 조금만 뭔가 틀어져도 불량이 나고, 수리가 불가능하죠. 더 큰 문제는 앞에서 이야기했듯이 불량이 화재로 이어질 수 있다는 겁니다.

  자동차 한 대에는 수백 개의 배터리 셀이 들어갑니다. 셀 하나의 가격은 자동차 가격의 1만 분의 1쯤 될 거예요. 자동차가 3,000만 원이면 셀 하나는 3,000원도 안 하죠. 그런데 그 작은 셀 하나가 불량이어서 불이 나면 다른 셀로 옮겨 붙어 결국 자동차 전체가 불타버려요. 배터리 전체가 아니라 셀 하나의 불량이 어마어마한 파장을 일으키는 겁니다. 물론 배터리 고장이 모두 화재로 이어지는 건 아니지만 그럴 가능성이 높죠.

  그런데 안타깝게도 배터리 공장은 자동화율이 낮았어요. LG디스플레이 시절에 '맥스캐파 민로스'를 강조했듯이, 에너지솔루션에서도 불량을 줄이고 생산능력과 효율성을 극대화하겠다는 목표를 세웠습니다. 방법은 AI 기술로 제조의 모든 과정을 자동화한 '스마트 팩토리'를 만드는 것이었어요. 사람의 경험과 역량에 의존하지 않고 데이터로 돌아가는 공장이죠.

  바로 속도를 내기 시작했습니다. 배터리 초고수인 김명환 사장을 주축으로, 스마트 팩토리 구축을 3단계로 나누고 5년을 바라보는 중장기 계획을 세웠어요. 목표는 전 세계 에너지솔루션 공장이 표준화된 생산 프로세스로 하나의 공장처럼 운영되는 체계를 구축하는 것이었습니다.

스마트 팩토리를 진두지휘할 때 생산뿐만 아니라 R&D, 구매 등 알아야 할 게 많았는데 LG에서 보낸 저의 40여 년의 경험이 큰 도움이 되었습니다. 1단계 계획을 완료하고 2단계에 진입할 즈음 그만두게 되어, 직원들에게 미안한 마음이 있습니다. 스마트 팩토리를 2단계까지는 마무리하고 싶었는데 그러지 못해서 개인적으로 아쉽기도 하고요.

## IPO, 성공적으로 마치다

그와중에 회사를 상장하느냐 마느냐도 결정해야 했어요. 만약 IPO<sup>Initial Public Offering</sup>를 하게 되면 많은 자금이 들어와서 미래 투자를 과감하게 할 수 있어요. 안 하면 돈이 없기 때문에 투자를 하고 싶어도 굉장히 제한적일 수밖에 없게 되죠.

그런데 상장하고 나서는 아무런 품질 문제도 없어야 해요. 상장했는데 또다시 품질 문제가 불거져서 회사의 손익이 악화되면 주가가 급락하고 많은 투자자가 피해를 입는 상황이 발생하죠. 그때는 큰 혼란에 빠지게 되는 겁니다.

'마지막에 내가 험한 꼴 보는 거 아닌가? 지금까지 그래도 대과大過 없이 잘 살았는데' 하는 생각이 들더군요. 회사생활의 마지막을 조용히 잘 마무리 짓고 싶은 마음은 누구나 있잖아요. 상장 안 하면 사실 저는 편해요. 그런데 회사는 미래 투자를 못 하니까 어려워지는 것이죠. 거기에서 오는 갈등이 있었어요. 내심 안 하는 쪽으로 조금 더 기울었습니다. 그러다 마지막 순간에 나 개인보다 회사를 위하는 게 옳은 일이라 생각하고 마음을 바꿨죠.

다행히 시장이 좋을 때여서 IPO를 성공적으로 마칠 수 있었습니다. IPO 하면서 시가총액 2위로 바로 올라선 경우는 역사상 처음일 겁니다.

# 아침에 눈뜨면
# 달려가고 싶은 회사

### 조직문화의 기본은 결국 소통이다

LG에너지솔루션에 와서 급한 불을 끄고 나니 조금 여유가 생겼어요. 그때 생각했죠. 'CEO로서 내가 꿈에 그리던 회사의 결정판을 만들어보자.' 그게 뭐냐면, 직원들이 아침에 일어나면 소풍 가는 마음으로 달려가고 싶은 회사를 만드는 것이에요. 물론 그전에도 이를 위해서 많이 노력하고 실천했지만, 마지막 회사이니 그 결정판을 만들어보자 싶었죠. 그래서 조직문화가 좋으면 어떠한 일도 할 수 있다는 걸 보여주고 싶었어요.

조직문화의 기본은 결국 소통이에요. 소통이 안 되면 아무리 회사가 잘해준들 금방 좋았다가 금방 무너져버리는 모래성이 되어버려요. 그때 저와 오랫동안 함께 일해온 이방수 사장이 소통을 잘할 수 있는 방법을 많이 제공해주었어요. 그 가운데 하나가 '엔톡'이에요. '에너지솔루션 톡'이죠. 그런데 시간이 지났는데도 글이 별로 안 올라와요. 무슨 일인지 알아봤죠. 엔톡은 실명으로 글을 올리는 시스템이었는데, 한 직원이 글을 올리면 그 글을 본 다른 직원이 비판하는 경우가 종종 있었더군요. 생각이 다를 수도 있으니 그럴 수 있죠. 그래서 누가 올린 글인지 저만 알고 다른 직원들은 모르게끔 시스템을 바꿨어요. 그랬더니 하루에도 몇 십 건씩 글이 올라오더라고요.

아무리 바쁜 일이 있어도 최우선적으로 엔톡에 올라온 글부터 처리했어요. '이건 돼, 이건 안 돼, 이건 검토해보자' 등등 제가 직접 댓글을 달았죠. 그리고 검토가 필요한 의견은 관련 부서에 내려 보내 검토해보라고 지시하고, 검토 의견이 올라오면 제가 다시 답신했습니다. 엔톡에는 한국뿐만 아니라 미국, 폴란드, 중국 등에서 일하는 전 직원의 글들로 넘쳤어요.

그리고 저도 제 생각을 전해야 해서 〈CEO 노트〉를 계속 썼습니다. 직원들한테 하고 싶은 이야기가 생길 때마다 주제와 상관없이 보냈어요. 직원들은 CEO가 어떤 생각을 갖고 있는지, 회사가 어떤 상태인지 알게 되고, 저는 직원들의 고민과 생각들을 알게 되니 쌍방향 소통이 이루어진 거죠.

현장에 직접 찾아가서 직원들의 이야기를 듣는 타운홀미팅도 지속적으로 했습니다. 제가 관심을 가져야 할 부서들을 찾아다녔죠. 생산부서가 힘들다고 하면 생산부서에 가서 타운홀미팅을 하고, 개발부서가 힘들면 개발부서에 가서 하고, 폴란드 직원들이 고생한다고 그러면 폴란드에 가서 타운홀미팅을 했습니다. 돌발 질문들도 많이 받았는데, 그런 것들에 대답하다 보니 서로가 점점 더 가까워지더군요.

## 회사의 가장 중요한 고객은 직원이다

앞에서도 누차 이야기했듯이, 회사의 가장 중요한 고객은 직원입니다. 그들의 불편사항들을 해결해주는 게 무엇보다 중요해요. 엔톡과 타운홀미팅, 주니어보드들과의 만남 등 여러 창구를 통해서 직원들의 불편사항들을 듣고, 이를 해결하기 위해 끊임없이 노력했죠. 그 가운데 기억에 남는 것이 어린이집 설치입니다.

많은 직원이 어린아이를 맡길 데가 없어서 곤란을 겪었어요. 직장 내 어린이집을 만들어주면 정말 고맙겠다는 의견이 많았죠. 그런데 우리 회사 본사가 여의도 파크원 빌딩 고층에 자리 잡고 있었는데, 5층 이상은 어린이집 허가가 안 나온다 해요. 5층 아래로는 이미 다 차 있고 말이죠. 그렇다고 회사 밖에다 만들 수도 없는 노릇이라 난감했어요.

이대로 포기해야 하나 싶었는데, 직원들의 간절함이 보이는 겁니다. 그 마음이 와 닿아서 도저히 포기가 안 되더군요. 제가 직접 빌딩 관리 업체와 소통했습니다.

"안 된다는 이야기는 들었습니다. 그런데 우리 직원들의 간절함이 너무 커서 포기가 안 됩니다. 지금 방법이 없는 건 알겠는데, 정말 1%의 가능성도 없는 건가요?" 그랬더니, '없다'는 겁니다. "안 된다고만 하지 마시고 기다릴게요. 긍정적인 답이 올 때까지 기다릴 테니 검토해주세요."

사실 그렇게 말하면서 저도 어느 정도는 포기했어요. 그런데 그 자리에서 바로 알았다고 해버리면 상대방도 '예, 죄송합니다' 하고 끝나버리죠. 그래서 조금의 가능성도 없는지 기다릴 테니 한 번 더 고민해달라고 한 겁니다. 그러고는 진짜 안 되나 보다 하고 잊고 있었죠.

그런데 한 2~3주 지나서 총무 담당 임원이 오더니 좋은 소식이 있다는 겁니다. "뭔데요?" 그랬더니 해주기로 했다는 거예요. 그 건물 관리 업체가 3층에 있었는데, 그 자리에 어린이집을 만들고 자기들은 고층으로 올라가겠다고 한 거죠. 입주해 있는 다른 회사들을 뺄 수는 없으니, 고민 고민하다가 방법을 찾아준 겁니다. 얼마나 고마운 일이에요.

그 밖에도 소소한 기쁨들이 정말 많았습니다. 본사 꼭대기 층을 직원들의 휴게 공간으로 만들기도 했어요. 가서 차도 마시고, 밥도 먹고, 게임도 하고, 스크린 골프도 치고, 명상도 하고, 헬스도 하고, 피곤하면 쉴 수 있게 수면실도 만들어놓았죠. 매주 토요일에는 직원 가족들을 초청해서 사무실도 구경시켜 주고, 휴게 공간에 올라가서 점심도 대접했어요. 신입사원들이 들어오면 가족들도 초청했습니다. 부모님들이 보시고 정말 기뻐하고 자랑스러워하시더군요. '우리 아이가 이런 곳에서 근무하는구나!'

휴게 공간 이름을 지을 때, 총무부서에서 몇 개 안을 가지고 저한테 왔어요. 그래서 제가 그랬죠. "나는 거기 이용하는 사람이 아니에요. 이용할 사람들한테 물어보세요." 그렇게 탄생한 이름이 '엔트럴파크'입니다. 제가 지었으면 이렇게 좋은 이름이 안 나왔을 텐데, 정말 좋은 이름을 지어준 직원들한테 고맙습니다.

**LG에너지솔루션에 와서 CEO로서의 제 마지막 꿈을 위해 열심히 달렸습니다. 현장에 찾아가 직원들과 만나고, 소통하고, 가장 중요한 고객인 직원들의 고충을 해결해주기 위해 노력했어요.** 저에게는 그 또한 즐거움이었습니다. 물론 제 꿈의 100%를 달성한 것 같지는 않아요. 하지만 제 나름대로 하고 싶은 만큼 여한 없이 했고, 행복했습니다.

그리고 2023년, 45년간의 회사생활을 마무리 지었습니다. **회사를 떠나며 제 마음에 가장 남는 말은 '감사'입니다.** 돌아가신 회장님께 감사하고, 저와 함께 어려운 과제를 성공적으로 잘 수행해준 우리 가족 같은 직원들에게 감사합니다. 그리고 저에게 많은 도움을 준 모든 분에게 감사합니다. 무엇보다 저의 영원한 안식처이자 동반자인 아내 양정례 님에게 깊은 감사의 뜻을 전합니다. 끝으로, 당시 저에게 어려움을 주었던 분들에게도 감사한 마음을 전합니다. 그 어려움이 저를 더욱 성장시켰습니다. 모두 감사합니다.

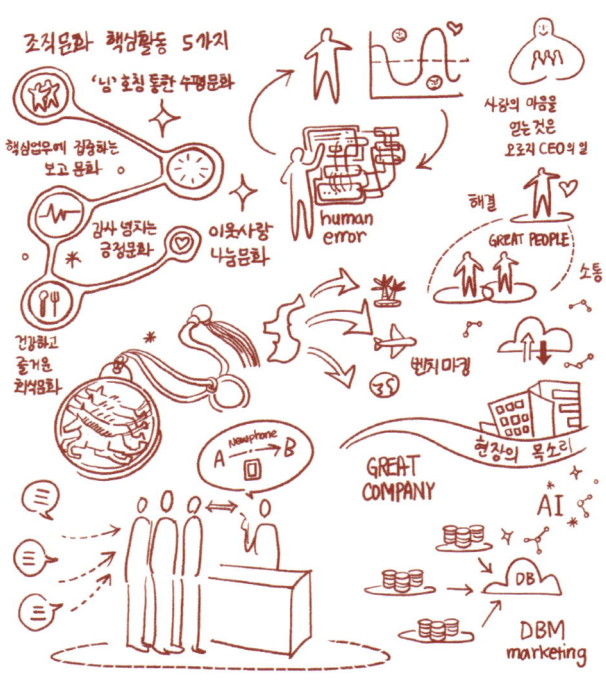

**에필로그**

# 당신이 잘되길 바랍니다

책을 쓰는 동안 제 개인적으로는 지난 일을 회상하고 다시금 정리해볼 수 있는 좋은 시간이었습니다.

저에게 많은 도움을 주신 여러 분들을 감사한 마음으로 추억하면서 행복했습니다.

그리고 제가 여러 가지 일들을 겪으면서 얻은 배움을 많은 분에게 나눌 수 있다는 보람도 느낄 수 있었습니다.

앞으로 남은 인생은 더욱 많은 분이 잘되길 바라는 마음으로 살아야겠다는 다짐도 함께 해봅니다.

여러분 행복하세요.

끝으로 최근 제가 항상 마음속에 두고 있는 글을 남깁니다.

**"하늘이 돕고 있으니 사람에게 신실하게 대하면 이로운 일만 생길 것이다."**

감사합니다.

# 권영수

**LG에너지솔루션 前 부회장, 現 고문**

LG그룹에서 45년간 몸담으며 사원에서 부회장까지 오른 'LG맨의 신화'로 불리는 리더다. 디스플레이, 화학, 통신, 에너지솔루션 등 LG의 핵심 사업을 두루 이끌며, 위기를 기회로 바꾸고 변화를 성과로 연결해온 경영자로 평가받는다.

LG디스플레이를 디스플레이 시장 점유율 세계 1위 기업으로 성장시켰고, LG화학 배터리 사업을 수주금액 세계 1위로 도약시켰다. LG유플러스에서는 소통과 일하는 방식의 혁신으로 수평적 조직문화를 정착시켰으며, LG에너지솔루션에서는 AI 기술을 도입한 스마트 팩토리 체제를 구축해 미래 경쟁력을 다졌다. 기술과 사람, 전략과 실행을 아우르는 '1등 DNA' 실천형 리더로 자리매김했다.

그를 더욱 특별하게 만든 것은 성과보다 사람을 대하는 태도였다. 17년간 LG 주요 계열사 CEO를 지내며 직원들에게 직접 〈CEO 노트〉를 전해왔다. 현장에서의 실패와 배움, 판단의 기준, 후배들에게 꼭 전하고 싶은 메시지를 담담하면서도 따뜻하게 기록했다. 그 언어는 직원들에게 깊은 동기부여가 되었고 《당신이 잘되길 바랍니다》는 바로 그 기록의 정수다. 지금도 많은 직장인에게 '함께 일하고 싶은 리더'로 손꼽히는 그는 이 책을 통해 일과 사람에 대한 가장 현실적인 통찰을 건넨다.
현재 LG에너지솔루션 고문으로 있으며 벤처사업 육성을 지원하고 있다. 서울대학교 경영학과를 졸업하고 카이스트에서 산업공학 석사 학위를 받았다.

# 당신이 잘되길 바랍니다

2025년 11월 3일 초판 1쇄 | 2025년 11월 17일 11쇄 발행

**지은이** 권영수
**펴낸이** 이원주

**책임편집** 김유경　**디자인** 정은예　**그래픽레코딩** 이지현(Jilly) @graphicfacilitator
**기획개발실** 강소라, 강동욱, 박인애, 류지혜, 고정용, 이채은, 최연서
**마케팅실** 양근모, 권금숙, 양봉호　**온라인홍보팀** 신하은, 현나래, 최혜빈
**디자인실** 진미나, 윤민지　**디지털콘텐츠팀** 최은정　**해외기획팀** 우정민, 배혜림, 정혜인
**경영지원실** 강신우, 김현우, 이윤재　**제작실** 이진영
**펴낸곳** (주)쌤앤파커스　**출판신고** 2006년 9월 25일 제406-2006-000210호
**주소** 서울시 마포구 월드컵북로 396 누리꿈스퀘어 비즈니스타워 18층
**전화** 02-6712-9800　**팩스** 02-6712-9810　**이메일** info@smpk.kr

ⓒ 권영수(저작권자와 맺은 특약에 따라 검인을 생략합니다)
ISBN 979-11-94755-98-2 (03320)

- 이 책은 저작권법에 따라 보호받는 저작물이므로 무단전재와 무단복제를 금지하며, 이 책 내용의 전부 또는 일부를 이용하려면 반드시 저작권자와 (주)쌤앤파커스의 서면동의를 받아야 합니다.
- 잘못된 책은 구입하신 서점에서 바꿔드립니다.
- 책값은 뒤표지에 있습니다.

쌤앤파커스(Sam&Parkers)는 독자 여러분의 책에 관한 아이디어와 원고 투고를 설레는 마음으로 기다리고 있습니다. 책으로 엮기를 원하는 아이디어가 있으신 분은 이메일 book@smpk.kr로 간단한 개요와 취지, 연락처 등을 보내주세요. 머뭇거리지 말고 문을 두드리세요. 길이 열립니다.